Bodies of Knowledge

身体知

成人教育における身体化された学習

ランディ・リプソン・ローレンス
Randee Lipson Lawrence
———— 編

立 田 慶 裕
岩 崎 久美子
金 藤 ふゆ子
佐 藤 智 子
荻 野 亮 吾
園 部 友里恵
———— 訳

福村出版

BODIES OF KNOWLEDGE:
Embodied Learning in Adult Education
New Directions for Adult and Continuing Education, No. 134
edited by Randee Lipson Lawrence

Copyright © 2012
by Wiley Periodicals, Inc., A Wiley Company.
All Rights Reserved.
This translation published under license.

Japanese translation published by arrangement
with John Wiley & Sons International Rights, Inc.
through The English Agency (Japan) Ltd.

まえがき
「身体知」の可能性

立田慶裕

　近年、学校教育では、演劇やダンスを教育プログラムに取り入れて、自分の身体の新たな面に気づいたり、コミュニケーションの力や表現力を高める工夫がなされるようになってきた。成人教育や企業内教育の分野でも、インプロ（即興演劇）を用いた研修が企画される等、身体の持つ知の可能性を育てる学習が生まれつつある。また、従来の自然体験学習や社会体験学習、伝統的な文化体験学習などでも、認知的な学習に加えて、五感を育てる身体を通じた体験（身体化された体験）の重要性はかねてから指摘されてきた。
　身体化された学習といえば、体育やスポーツもあるが、強い身体や強い精神の育成を目的として身体を鍛錬したり、新たな記録を生んだり、競争から勝利を得ることを必ずしも目的とはしない学習も考えられるようになってきた。
　病を得て初めて身体の大切さに気づいたり、日常とは違った身体の動きから自分の可能性を引き出したり、身体表現を通して他者との交流を育むような「身体化された学習」プログラムや、脳だけでなく身体全体に潜む知の可能性、「身体知」の研究と実践が考えられ始めている。
　例えば、フランスの哲学者ドゥルーズは、身体の運動と時間について考えた文章の中で身体が持つ知の可能性について次のように触れている。

　　だから私に一つの身体を与えてください、これは哲学的な大転換を示す定式である。身体はもはや思考をそれ自体から分離するような障害なのではなく、思考するにいたるために思考が克服しなければならないようなものではない。反対にそれは、思考が思考されないものに到達するため、つまり生に到達するために、その中に潜入する何か、潜

入しなければならない何かなのである。だからといって身体そのものが思考するのではなく、身体は執拗に頑固に思考することを強い、また思考を逃れるもの、つまり生を思考することを強いるのである。
（ドゥルーズ、2006、263頁）

　彼によれば、私たちは身体が何をするかを充分にわかっていない。考えたり考えない身体で何ができるか、身体の力や身振り、態度や姿勢についての一層多くのことを、私たちは身体から、身体を通して学ぶことができる。身体の態度とは、身体の重さや軽さを含み、具体的には疲労となって現れたりすることもある。
　疲れている時は考えることも悲しくなったり、元気な時にはものごとが明るく捉えられたりと、私たちの精神や感情が身体に支配されていることに気づくこともよくある。散歩をすると頭がよく働いたり、満腹になると眠たくなる。身体が軽いと気も軽くなり、身体が重いと頭を働かすことに嫌気がさす。若い時は元気だった身体が次第に衰えていくにつれて、自分の身体の衰えとうまく付き合うことを学んでいく。こうして、身体と精神、感情、頭脳がつながっていることはわかっているのだが、どうすれば、自分の身体の可能性やエネルギーを引き出すことができるのだろうか。
　その場合、医学や脳科学のような「身体についての知」（knowledge on body）だけではなく、「身体が持つ知」（bodies of knowledge）、「身体知」を学ぶ必要はないだろうか。もし、そのような身体が持つ知について私たちがいっそう多くのことを学ぶことができれば、自分自身の身体の可能性をさらに引き出すことができるのではないだろうか。
　本書における「身体知」の学習の目的は、身体を通じた学びから、身体が有する知の可能性を広げ、論理的な思考からだけでは生まれない共感性や感情の可能性を育てることによって、個人の力を生涯にわたって育て、人間関係の力をも育むことにある。

　本書は、2012年に刊行された*Bodies of Knowledge: Embodied Learning in Adult Education*の翻訳である。同書は、米国の成人教育研究者シャラン・メリアム

まえがき 「身体知」の可能性

氏が中心となって編纂を続けているシリーズ「成人継続教育の新しい動向」（New Directions for Adult and Continuing Education）の134巻目にあたり、近年注目を浴びている身体知について、職場、医療、地域、自然体験、演劇やダンスなど多様な領域の研究成果をまとめたものである。

これまで私たち成人学習理論の研究者グループでは、シャラン・メリアム氏の『成人学習理論の新しい動向』（2008）を訳し、その多くの新しいトピックの中から、まずナラティヴ学習に注目して『成人のナラティヴ学習』（2010）を翻訳公刊した。その翻訳を通して、ナラティヴ学習の研究や実践の面白さに引き込まれた。本書も、同書の別のトピックとして取り上げられていた身体知の学習について、シリーズの1冊としてまとめられたものを翻訳している。本書のテーマである身体知は、教育や学習活動全般にわたって、ともすれば認知的な面にばかり偏りがちな私たちの認識を大きく変えてくれる可能性を秘めている。

実際、本書に記されている近年の研究と実践の特徴は、身体化された学習（身体を通じた学習）による身体知の開発とそのための多様な手法が実践を通じて開発されてきた点にあるし、身体知の理論的な体系化が進み、身体を通じた学習の可能性の理解が進んできたことを示している。

本書の公刊が、身体の持つ可能性に関心を持つ読者、演劇教育の可能性に注目する教員、演劇・ドラマで活動する人々、そして体験学習や総合学習の方法を開発しようとする教育関係者の教育活動や、身体の実践を通じて学ぶ多くの学習者に役立てれば幸いである。

2016年　正月

◆参考文献
ドゥルーズ, G『シネマ2＊時間イメージ』宇野邦一ほか訳, 法政大学出版局, 2006。
Tammy J. Freiler, "Learning Through the Body", Sharan B. Merriam (ed.), *The Third Update on Adult Learning Theory*. Jossey-Bass, 2008.〈邦訳〉金藤ふゆ子訳「身体を通じた学習」立田慶裕・岩崎久美子・金藤ふゆ子・荻野亮吾訳『成人学習理論の新しい動向——脳や身体による学習からグローバリゼーションまで』福村出版, 2010, pp.60-74。
金藤ふゆ子「身体を通じた学習」『生涯学習の理論——新たなパースペクティブ』所収, 福

村出版, 2011, pp.165-179。
Marsha Rossiter, M. Carolyn Clark, *Narrative Perspectives on Adult Education*. Jossey-Bass, 2010.〈邦訳〉立田慶裕・岩崎久美子・金藤ふゆ子・佐藤智子・荻野亮吾訳『成人のナラティヴ学習――人生の可能性を開くアプローチ』福村出版, 2012。

日本語版に向けて　〜日本の読者へ〜

ランディ・リプソン・ローレンス
（ナショナル・ルイス大学名誉教授）
立田慶裕 訳

　最近、私は、日本の和太鼓演奏集団が演奏するある学会に参加しました。この大変感動的な演奏の後、聴衆の会員が舞台に招かれ太鼓をたたきました。その人が太鼓を全身で演奏していることに、私はすぐに気がつき、やがて私自身も、心と体、魂が一つになる場へと運ばれたように感じました。

　昔の能舞台から現代の勤務前のラジオ体操の実践に至るまで、身体知が何世紀にもわたり日本文化の最前線にあるような日本で、本書が公刊されることに私は喜びを覚えます。

　身体に注意を向けることは、心への集中を助け、いっそうホリスティックな学習ができるようになります。

　米国で2012年に原書*Bodies of Knowledge*を公刊後、学習の面で、刺激的な論文の中で、そしてダンスやヨガ、あるいは身体的な病を通じての学習への注目という点で、身体についての関心が増してきました。そして、日本の実践に基づく二つの近著があります。一つは、日本の幼稚園教員が運動やジェスチャー、声の表現によっていかに保育を身体化しているかという研究に基づくものです（Hayashi and Tobin, 2015）。もう一つは、人生末期の観点からムーアが著したもので、高齢者が能舞台の練習を通してどのようにその健康を維持し自己実現を達成しているかを論じています（2015）。この二つの著作は、幼児期に始まり高齢期へと続く世代間にわたる身体化された学習の重要性を示しています。

原著で私に後悔する点があるとすれば、身体化された学習について、北米を越えた事例を収めなかったことでしょう。ですが、身体化の実践は、教育の場に広く生じつつあります。本書によって、成人教育の研究者や実践家がその実践の中で身体化の役割をふり返るひらめきを与えられ、いっそう多くの人々に本書が役立つことを望んでいます。

2015年10月

Hayashi, A. and Tobin, J. *Teaching Embodied : Cultural Practice in Japanese Pre-schools*. Chicago: University of Chicago Press, 2015.

Moore, K. L. *The Joys of Noh : Embodied Learning and Discipline in Urban Japan*. New York: Suny Press, 2015.

身体知
成人教育における身体化された学習

目　次

まえがき 「身体知」の可能性────立田慶裕 *3*

日本語版に向けて ～日本の読者へ～
　　　　　────ランディ・リプソン・ローレンス（立田慶裕 訳） *7*

序文 **編集ノート** *13*
　　　　　────ランディ・リプソン・ローレンス（荻野亮吾 訳）

第1章 直感的認識と身体化された意識 *17*

本章では、身体化された認識がどのようにして私たちの意識となるのかなど、直感と身体化された認識の関係について描く。この議論によって、本書で議論される様々な実践の文脈と方略に関する準備が整えられる。
　　　　　────ランディ・リプソン・ローレンス（立田慶裕 訳）

直感 *17*　　身体化された学習をめぐる他の用語 *18*　　統合的な認識の方法 *19*　　意識 *21*　　身体化された知識との交信 *22*　　フェミニズムと抵抗：認識方法としての身体の重要視 *23*　　身体化の教育学 *24*　　結論 *26*

第2章 身体化された学習と患者教育： 看護師の自覚から患者のセルフケアへ *29*

本章では、患者教育において日常的に生じている過程として、神経生物学の観点から身体化された学習を論じる。看護の生徒がどのように自身の身体を信じるようになるかを描き、そのことが自身のエンパワメントと、さらには患者のケアにまで広がる点について述べる。
　　　　　────アン・L・シュワルツ（荻野亮吾 訳）

身体化された学習の定義 *31*　　文脈としての患者教育 *32*　　成人教育の役割 *33*　　患者教育を健康のための身体化された学習として捉え直す *34*　　臨床行動教育学 *35*　　身体化された臨床行動教育学の成果 *39*　　結論 *40*

第3章 仕事における身体化された学習： 職場から遊び場への発想の転換 *43*

創造的な遊びや即興演劇によって、組織は、学習が行われ、協働が促され、問題解決が行われるダイナミックな空間へと生まれ変わる。
　　　　　────パメラ・メイヤー（園部友里恵 訳）

新たなアイディアを秘めた遊びのための場をつくること *45*　　行動の中の身体化された学習 *46*　　実践家への示唆 *50*　　結論 *54*

第4章 女性のストーリーを身体化する：コミュニティの気づきと社会的行動に向けて 56

本章では、プエルトリコの女性のストーリーを集め、コミュニティでのパフォーマンスを通じてストーリーを身体化した事例研究について述べる。ストーリーを演じることで、抑圧され服従させられていた知識が解き放たれる。

——ジョランダ・ニエベス（佐藤智子 訳）

可能性を身体化する 58 　リスクを身体化する 59 　集団的な関わりを身体化する 62 　パフォーマンスを身体化する 64 　身体化された学びの方法 66 　成人教育者に向けた示唆 68

第5章 野外での経験的な教育：身体化された学習 71

冒険教育の中で、人は自己効力感を高め、チームのまとまりを生み出すよう設計された一連の身体的な課題を経験する。不安を頻繁に呼び起こすような障害を乗り越える方法について考えることで、自分の身体を信頼することを学ぶ。

——エリック・ハウデン（佐藤智子 訳）

経験的な学習：身体に学習をもたらす 72 　経験的な教育と身体化された経験の拡張 73 　現代における経験的な教育とは 74 　経験的な教育の確立とクルト・ハーン 74 　経験的な教育における現在の実践 76 　経験的な教育の具体的実践 77 　経験的な教育からの省察的学習 81

第6章 認識の方法としてのダンス 84

ダンスは、私たちを新たな世界を想像することへと誘う探究の方法である。本章では、ダンスと身体の動きについて詳細に検討し、様々な領域での教育や学習に対する示唆を提供する。

——セレステ・スノーバー（金藤ふゆ子 訳）

生得的権利としてのダンス 84 　身体化された認識 85 　生きられた身体とダンス 87 　ダンスの遊び―遊びのダンス 88 　ダンスとリテラシー 89 　探究の方法としてのダンス 90

第7章 身体化された知識と脱植民地化：強力で危険な演劇の教育学と共に歩む 96

民衆演劇は、人々が自らをストーリーの創造者と思えるように力づける教育的なツールである。精神と身体、そして感情は、反抑圧的な力として一体となる。

——ショーナ・バタウィック／ヤン・セルマン（園部友里恵 訳）

領域の定義 97 　身体化された認識と脱植民地化 99 　目撃することと身体化 103 　フィクションの力と安全性 105 　成人教育者への示唆 107

第8章 おわりに：身体を取り戻すために　*111*

終章では、それまでの章のテーマを総合・統合して、そこから導出される知見に焦点を当てる。
　　　——ランディ・リプソン・ローレンス（岩崎久美子 訳）

身体の持つ知恵　*112*　　ホリスティック学習における身体の役割　*114*　　自己と他者への気づきに伴う身体の役割　*115*　　経験的な学習と変容的学習に関わる身体　*117*　　身体教育学　*118*　　身体についての支配的なイデオロギーへの挑戦　*120*　　全体をふり返って　*122*

訳者あとがき　*123*
　　　——立田慶裕・岩崎久美子・金藤ふゆ子・佐藤智子・荻野亮吾・園部友里恵

索　引　*131*

序　文

編集ノート

ランディ・リプソン・ローレンス
（ナショナル・ルイス大学准教授）

荻野亮吾 訳

　人間誰もが身体を有している。これは周知の事実である。私たちは必ずしも全く同じ音声的言語を話しているわけではないが、身体という普遍言語は全人類が共有するものである。身体には固有の英知と知識がある。

　身体化された学習、あるいは身体を通じた学習は、身体の知識に依拠した学習方法である。幼少期の最も基本的な学習形態は、前言語的なものである。しかし伝統的な学校教育では、教室の入り口で自分の身体を改めさせ、机に座って挙手をすることを求め、認知を重視する一方でそれ以外の認識の方法を排除してきた。成人になる頃には、「身体の中の存在」は馴染まない概念となり、私たちの多くにとって居心地の悪さを感じるもとになっている。

　本書では、どのように知識が構成され共有されるかに関する支配的なパラダイムに疑問を投げかける。ルネ・デカルト（Rene Descartes）は17世紀に「我思う故に我あり」と宣言し、精神を人類の対話の唯一の源として特権化する運動を始めた（Miller, 2007）。本書では、学習の源としての身体に注目するよう呼びかけ、身体から切り離されたものとして精神を捉えるデカルト派の心身二元論に異議を唱えたい。

　身体化された学習は、成人教育の文献において注目を集め始めているにもかかわらず（Merriam, Caffarella, and Baumgartner, 2007；Boucouvalas and Lawrence, 2010参照）、その学習方法についてはほとんど議論されていない。

これまでの『成人・継続教育の新たな動向』（*New Directions for Adult and Continuing Education*）シリーズの各書では、スピリチュアルな認識（English and Gillen, 2000）や、情緒的認識（Dirkx, 2008）に焦点を当ててきた。本書では、成人が身体を通じて学ぶ複合的な方法を探究することで、先に刊行されたこれらの研究を補うこととしたい。

本書では、高等教育やコミュニティ教育、ヘルスケア、職場等における様々な実践の文脈を通して、さらにダンスや演劇、野外での経験的な教育等の複合的な方法を通して身体化された学習を捉える。

第1章では、直感的なプロセスとしての身体化された認識を探る。まず、身体化された認識がいかに意識的な気づきへとつながるかを論じることから始め、直感的認識の一つのモデルを紹介する（p.20の図1参照）。このモデルでは、相互に関連し合う他の認識方法の基礎に身体を位置付けている。そして、実践上、どのように身体化された認識に近づき活用することができるかについて論じる。

第2章では、ヘルスケアの専門職の中での身体化された認識に焦点を当てる。これは特に患者教育に関連するものである。アン・L・シュワルツ（Ann L. Swartz）は、患者や看護学生の経験のみならず、自身の経験に基づいたストーリーを示し、いつ、どのように人々が自分の身体へとより深く耳を傾け、つながりを持てるようになるのかを描き出す。このことによって人々は、健康になるために身体が必要としているものへと導かれていく。

第3章では、職場が遊び場へとどのように転換するかを、パメラ・メイヤー（Pamela Meyer）が描いている。メイヤーは、身体化された実践が日常生活の一部となっている組織の事例研究を紹介している。この実践によって、働く人同士の関係がより良いものとなり、積極的な関わりや活力を生み出し、仕事の中での協働も促される。メイヤーは、ファシリテーターが身体化された楽しい学習に関わることを提案している。

第4章では、ジョランダ・ニエベス（Yolanda Nieves）がコミュニティの気づきを促すプロジェクトを紹介している。ニエベスは、シカゴのプエルトリコ人のコミュニティにおいて、女性の抑圧された知識のストーリーを身体化する協同的な演劇作品を生み出した。このパフォーマンスは、気づきや社会的行動

を促すための成人教育のツールとして作り出された。

　第5章では、野外での冒険教育が紹介されている。エリック・ハウデン（Eric Howden）は、心身のつながりを明確なものにする経験的教育の形について論議している。参加者は徐々に難易度の増す一連の経験に直面することで、身体と精神の間に直接的な葛藤を感じる。これらの葛藤が解消された時、力強い学習が生じる。

　第6章では、探究の方法としてのダンスに焦点を当てている。セレステ・スノーバー（Celeste Snowber）は、ダンスの身体化された性質によって、私たちがどのように本当の自己へとつなぎ直されていくかを説明している。スノーバーは、ダンスをリテラシーや批判的思考、その他の学習プロセスに結び付けている。ダンスは、複雑な世界をしっかりと捉え、深く理解する方法である。

　第7章では、ショーナ・バタウィック（Shauna Butterwick）とヤン・セルマン（Jan Selman）が、植民地化や抑圧を強いる力を打ち破る強力なツールである民衆演劇について論じている。筆者らは、参加者が自身のストーリーを身体化するためにどのように演劇を活用できるかという例を自らの実践から示し、安全で尊重し合える環境を作り出すことの重要性を指摘している。

　第8章では、各章の主なテーマの要約とまとめを行い、知識の源としての身体を取り戻す方法について強調する。

　本書への寄稿者はある意味で先駆者である。彼らは、成人教育や高等教育においてほとんど認められてこなかった認識の方法を積極的に支持している。身体化された実践が行われてこなかった理由は、おそらく教育者がいまだに「認識論的無知」（Malewski and Jaramillo, 2011）の状態から抜け切れていないからであろう。「認識論的無知」とは、教育における支配的なディスコースや教義を無批判なまま信じ込むことである。彼らはおそらく身体を恐れているか、もしくは単に他の認識方法に触れたことがないのだろう。本書を通じて、認識する手段には何があるか、身体の持つ知恵から私たちは何を学ぶべきか、そして、学習者が人間としての潜在能力を発揮するために、身体化された学習がどのように役立つのかについて、あらゆる文脈における教育者が考え直すことを願っている。

◆参考文献

Boucouvalas, M., and Lawrence, R. L. "Adult Learning." In C. E. Kasworm, A. D. Rose, and J. M. Ross-Gordon (eds.), *Handbook of Adult and Continuing Education*. Los Angeles: Sage, 2010.

Dirkx, J. (ed.). *Adult Learning and the Emotional Self*. New Directions for Adult and Continuing Education, no.120. San Francisco: Jossey-Bass, 2008.

English, L. M., and Gillen, M. A. (eds.). *Addressing the Spiritual Needs of Adult Learning: What Educators Can Do*. New Directions for Adult and Continuing Education, no. 85. San Francisco: Jossey-Bass, 2000.

Malewski, E., and Jaramillo, N. (eds.). *Epistemologies of Ignorance in Education*. Charlotte, N.C.: Information Age, 2011.

Merriam, S., Caffarella, R., and Baumgartner, L. *Learning in Adulthood*. San Francisco: Jossey-Bass, 2007.

Miller, J. P. *The Holistic Curriculum*. Toronto, Canada: University of Toronto Press, 2007.

＊ランディ・リプソン・ローレンスは、シカゴのナショナル・ルイス大学の成人継続教育講座の准教授である。

第1章

直感的認識と身体化された意識

ランディ・リプソン・ローレンス
(ナショナル・ルイス大学准教授)
立田慶裕 訳

§要 旨
 本章は、前意識的な身体化された状態としての直感の役割と、その成人教育における意味を探る。

　知らない近所の道で、ぼんやりと光の灯った通りを歩いていることを想像していただきたい。夕方近くで、その通りには全く人けがない。突然、車のバックファイアか銃声のような大きな音を聞く。あなたの心臓は早鐘を打ち、呼吸が浅くなり、過呼吸になったかのように感じ始める。本能が走れと告げ、できるだけ早くその場所から逃げろと言う。その時は、何が起こったかも考えず、訳もわからず、考えることを止めてしまい、自分の身体の反応に従い、安全に向かって動く。自身の直感に頼るのである。

直 感

　直感的認識は、認識の中でも最も複雑で理解しがたい方法の一つである。言葉に置き換えたり表現したりすることは難しい。直感は、「意識的な推論もなく事物を知覚し、知る能力」(Webster's New World College Dictionary)、「知性や理性を超えて知る方法」(Vaughan, 1979, p.111)、あるいは「内的である

と同時に外的である全体性の現実化であり、経験的でありかつ認知的であるような出来事」(Blanchard, 1993, p.10) として定義されてきた。ユング (1964) によれば、直感とは、ある経験や出来事に近づく二つの方法の一つであり、意識的な気づきではない方法である。

　直感は、自発的で、心を中心とし、自由、冒険的、想像的、遊び心にあふれ、非連続的で非直線的である (Lawrence, 2009)。実際、私たちは、夢やシンボル、芸術、舞踊、ヨガ、瞑想、黙考、熱中を通して直感的知識を得る。こうしたプロセスのほとんどが、身体化された認識を必要とする。本章では、直感的プロセスとしての身体化された認識を検討し、どのようにして身体化された認識が意識的な気づきになるか、身体化された認識が他の認識方法とどのような関係を持つか、教育者が身体化の教育学をいかにしてその実践へと具体化できるかを論じる。

身体化された学習をめぐる他の用語

　身体化されたという言葉に関しては、身体を通じての学習に関連した他の用語もある。ブルーム (Bloom, 1956/1984) はそのよく知られたタクソノミー (分類法) で、学習の精神運動領域として論じ、認知的領域と感情的領域とを区別した。精神運動領域の学習は、ボールを投げたり建物を建てるといった身体活動に従事したり、仕事をするために自分の身体を使ったりする中で行われる。ガードナーは、身体－運動的知性を、人類が持つ九つの多元的知性の一つであると述べた (Gardner, 1993)。ガードナーによれば、人は皆一つあるいはそれ以上の優れた知性の領域を持つという。身体－運動的知性は、物を建てたり作ったりする中で、筋肉運動、舞踊やアスレティックといった、なすことによる学習に含まれる。これは、自分の手を使って働く外科医や建築家などの人々が好む形態である。身体感覚によって学ぶ人は、学習への簡単なアプローチとして、観察や聴講とは反対の形態を好む傾向にある。

　ガードナーへの批判の中で、パービアイネンは、身体－運動的知性が空間的知性と分離できないと論じている (Parviainen, 2010)。舞踊家などのパフォーマーは、空間やその周りのものを知覚し、交流する必要があり、そうした動き

は、孤立して見ることができない。

　フレイラー（Freiler, 2008）は、身体学習を、「目的的な身体中心の動きの間に身体的な気づきや感覚を通した直接的に体験する学習」と定義した（p.39）。彼女の研究参加者は、「自分の身体と『調和するようになること』、身体と対話し身体に何かを語るように身体に『耳を傾けること』、身体の経験とその環境に注意することで『もっと大きな気づきがあること』」について話している。同様に、スタッキー（Stuckey, 2009）は、身体の知識や身体を通じた知識を「いろいろな感覚や増していく身体の気づきとの関わりを通じて身体から生じる学び」（p.33）と定義している。著者によってはこうした用語を区別しているが、本章は、**身体化された認識（身体を通じて知ること）**という言葉を、こうした用語も含めた理解によって用いることにする。

統合的な認識の方法

　この10年間、筆者は、身体、精神、心や魂の共通点や直感との関係の中でホリスティックな認識や知識に関心を持ってきた（Lawrence, 2008, 2009; Lawrence and Dirkx, 2010参照）。知ることや認識の方法の説明を助ける操作モデルを開発してきた（図1参照）。図のモデルは、逆三角形で示されている。

　心（感情的知識）と精神（認知的知識）は、三角形の2つの頂点に位置している。身体は、底の頂点に位置し、スピリチュアルな知識は中心の「グレイの部分」にあり、把握するのは難しいが全ての知識の中心にあることを意味している。身体を通じた知識は、基盤となるという理由で底においたのである。知識に近づく最も初歩的な方法が、認識の初期の形態で言語習得の前に身体を通じて行われる。乳児は、感情についての言葉を学ぶ前から、疲れたり不快な年月を経験している時に自分の身体のことをわかっている。よちよち歩きを始める幼児は、まず触ることで自分の周りの世界を探る。サボテンの花が危険だから近づかないようにという親の注意を聞いていても、チクチクする痛みの感覚を経験して初めて、近づかないことを学ぶのである。

　知識は、意識的な気づきに達する以前には身体の中にある。例えば、緊張は、首の凝り、胃のむかつきや顎の張りといった身体の中でまず経験する。こ

身体知　成人教育における身体化された学習

図1　ホリスティックな直感的認識

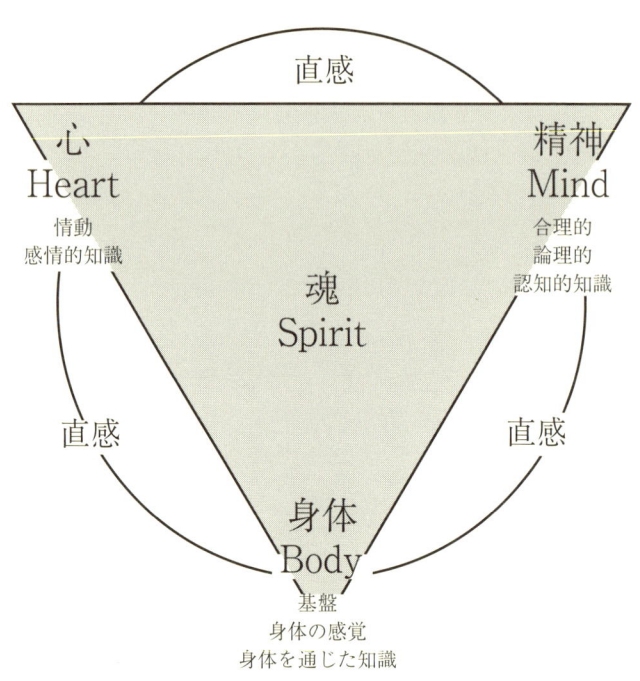

うした疾患の原因を検討すれば、その疾患を生む特有の出来事や経験を突きとめることができるかもしれない。

　強い感情の多くが身体的要素を含んでいる。悲しんだり、落ち込んだりする時、目に見える形で重さを感じる。恐怖を抱けば、心臓の鼓動が早くなり、過呼吸を経験する。パービアイネン（2010）の指摘によれば、**動き**（motion）と**情動**（emotion）は同じ語源を持つ。強い情動的反応がある時、その経験は**動かされている**というように表現する。

　スピリチュアルな領域は、「神聖で神秘的、畏怖の感覚を反映しており、感情や身体と深くつながっている」（Lawrence and Dirkx, 2010, p.149）。例えば、深遠なスピリチュアルな瞬間から、突然の冷感や涙、あるいは幸福感を経験することがあるかもしれない。

　表面上は完全に合理的に見える認知的知識でさえ、時には感情的で身体と通

じた要素を持っている。メジローは、死や失業といった方向感覚を失わせるようなジレンマも変容的学習の機会を生むと書いた（Mezirow, 2000）。省察的なディスコースが変容的学習へと動く方法であることを示す一方で、こうしたジレンマは、少なくとも一部が身体的な方法で解決が求められる情動的身体的次元を伴っている。

意　識

　これらの認識方法を別々の領域のもののように話すこともできるが、その方法は非常に密接な関係を持っており、直感的なものである。直感的な知識は、意識的な気づきにいたる以前にも存在している。既述したように、この直感的知識を私たちは最初から身体の中で経験している。クラウデは、**意識的な身体化**という用語を用いており、その意味は、「精神、身体と行為の完全な統合化を意味し、より広い社会的文脈の中でこれらの関係の性質についての何らかの気づきに伴う統合化である」（Crowdes, 2000, p.27）。私たちが感じる自分の身体や感覚は、ずっと私たちと共にある。にもかかわらず、こうした感覚は時に私たちの意識にも上がらない。病気になったり、傷ついた時に、私たちの注意は、身体がすでに知っているものに引きつけられる（Stuckey, 2009）。例えば、ふだんは鼻を持っていることも自由に息ができることも考えない。風邪を引いて鼻の通りが悪くなった時、突然呼吸することばかりを考えるのである。オルテガ・イ・ガセット（Ortega, 1969）によれば、身体に関わる差し迫った意識を持っていなくても頼るようになっているという事実がある。

> 最初にそうした感覚を発見する時、いつも知っていると思うのに、そうした感覚を実は全く注意していなかったことに気づく。感覚は私たちの前にありながら、秘密のベールに覆われていた。……たぶん、真実は、すでに存在しているものを覆うベールであり、重要と思っているものの上にあるベールやカバーをとればすぐに発見されるのだが。（Ortega, 1969, p.50）

　ダマシオは、**意識**を「生命体のそれ自身と環境への気づき」として定義して

いる（Damasio, 1999, p.4）。私たちは、まず身体を通して意識に入る。「意識が現れるのは、……ある対象のストーリーが、身体のサインという普遍的な非言語的語彙を用いて語ることができる時であり、……その瞬間から私たちは知り始めるのである」（pp.30-31）。

スタネージュ（Stanage, 1987）の現象学的モデルは、感情（feelings）や経験していること（experiencing）、そして彼の言う**意識すること**（consciousing）を含んでいる。感情は、知識以前の前反省的なものである。私たちは意識的に気づく前に感情や感覚を持っている。感情は、知識になる前のものだが、知識の基盤となる。経験することは、感情と身体化の両方を含んでいる。スタネージュは、**意識する**という用語を、一つの動詞として使ってきた。意識すること、あるいは意識的になるという過程は、感情と経験することの両方を含み、ふり返りや行為、あるいは実践を伴う。身体化された知識は、ヨガやダンスのような身体を伴う意識的関わりから生じるが（第6章参照）、無意識的な状態からも現れたり、知っていることへのヒントをもたらす直感的な身体の感覚を通じて、身体化された知識が私たちの気づきへともたらされる。

身体化された知識との交信

直感は時に、「勘」とか、説明できない知識として表現される。「わかった！」ということである。どのようにして知ったかについての何の合理的説明もないように、西洋文化では、直感は、相手にされず、まじめに受け取られない。時にこの知識は、意識の表面下にある。表現の芸術的形態を通じて私たちの身体に入り込むことは、この隠れた知識と交信する一つの方法とすることができる。例えば、スタッキーは、自分の糖尿病を理解する方法を探すことで、身体が直感的に知ることを表現するメタファーを創り出した（Stuckey, 2009）。「メタファーを通しての表現は、言語の問題というだけではなく、身体の生きた経験を理解する大きな方法でもある」（p.31）。

舞踊の教育者、シェリー・シャピロは、彼女の生徒たちに、女性の沈黙の声の概念を理解させようとして、概念的な観点からだけでなく、生徒たち自身の経験から教えようとした。自分たちの経験をダンスにして、その身体から学

ぶことを求めた。「身体-知識を基にした力は、身体-知識が意味するものの新しい理解をダンサーたちに与えた。身体は、技術的な卓越性のための物体であるというよりもむしろ、自分たちの生活世界の批判的理解の媒体となった」(Shapiro and Shapiro, 2002, p.37)。

バタウィックとローレンスは、演劇でストーリーを語る方法が、難しい主題を論じる道を提供し、劇化を通じて「代替的な現実を創造する」ことで、強い感情を表面化する手段となり得ると論じた（Butterwick and Lawrence, 2009）。同様に、オーストラリアのホースフォールとティッチンは、地方の女性たちの共同調査の中で研究データを分析し提示する方法として、パフォーマンス・エスノグラフィー（performance ethnography）を用いた。表面化して取り上げられた課題は、これまでに「隠されてきた家庭内暴力：その土地固有の問題、自殺、家族経営農家の資産継承における性差別が含まれていた。口に出せないことが口に出されたのである」（Horsfall and Titchen, 2009, p.157）。

こうした例は、一つの経験の身体化が知識を身近なものにする方法となること、特に苦悩に満ち、論じられないような知識を身近なものにする方法となることがどのような形で可能となるかを示している。これらの過程が力強いツールとなる一方で、社会的な力がそうした過程を軽減する。

フェミニズムと抵抗：認識方法としての身体の重要視

「身体は、意識的な精神に現れない知識を保持している」（Butterwick and Lawrence, 2009, p.37）が、西洋の教育システムは未だなお認知的な合理性に特権を与えている。まるで首から上だけが教育され続けているようなものである。認知的知識に主に焦点を当てる一方で、身体が知ることを無視するのは、私たちが人間として充分に自己実現することを妨げている。クラークによれば「我々は一定の文化の中に位置付けられている。その文化は、身体と複雑で大変難しい関係を持っている……身体の中ではなく頭の中でもっと快適に生きているのである」（Clark, 2001, p.84）。教育的文脈の中で身体について語ることは、全くのタブーなのである。フレイラーは、近代文明が身体化された認識から遠ざけられているかどうかという問いを提出した（Freiler, 2008）。ダマシ

オによれば、「我々は、自分たちの存在の一部を別の一部から隠すために精神を用いることがある」（Damasio, 1999, p.29）。自分の身体や感情からのサインを無視している。恐らく、これは、苦しい現実に直面することを避ける防衛機構である。シャピロとシャピロは、身体が時に女性の特性と関連していることを指摘した（Shapiro and Shapiro, 2002）。身体を取り戻す方法としてフェミニストのディスコースを見たのである。「合理的なディスコースにおける身体というテーマは、感覚的存在と具体的な社会的経験という現実を否定するような疎外の影響を受けてきた。その結果、そうした議論は客観的主観的世界の知識を切り捨ててきた」（Shapiro and Shapiro, 2002, p.29）。

フェミニストの研究は、長きにわたる男性支配を伴った客観的合理性に挑戦してきた。マイケルソンが気まぐれに述べたように、「近代性を特徴づける知識の実践は、デカルトが自分の頭から身体を切り離した時代に始まった（Michelson, 1998, p.217）。多くのフェミニストは、デカルト派の精神−身体分離を問題視し、反論することに焦点を当てたディスコースを展開し、知識の源としての身体を取り戻そうとしている。身体や性的身体的機能を伴うつながりが抑圧の根源にあることを自覚する女性たちは、自分の身体について正直に話し始め、その気づきを教授や学習のツールとして用いた（Clark, 2001）。女性たちは（恐らく男性でも同様だが）、教師から学ぶように自分の身体から多くのことを学び始めている。女性たちは、「かつてのような気づきのない状態に戻ることができない」（Shapiro and Shapiro, 2002, p.38）。この視点の向上は、まだ普遍的なものではないが、発展的な認識論への可能性を秘めている。

身体化の教育学

身体化された知識を認知的知識と対等に評価するような教育学は、どのように思われるだろうか。本節では、教育者がボディランゲージに注意を払うことで生徒から学ぶ方法や身体化された活動を促進する方法について論じる。社会運動における身体の役割を考えた後、学習者の抵抗を越えていく考え方を提言する。

ボディランゲージに注意を払う

　身体化の教育学（身体教育学）は、生徒が会話を交わす時の言葉によらないサインに気づくようになることから始まる。生徒たちは混乱しているか、退屈しているか、関心を持っているか。生徒たちが私に注意していなかったり、言ったことが生徒にとってわからなかった時には、時々上目遣いで話したり、眺め回したり、不機嫌な顔をしたり、困った表現をしたりする。生徒の非言語的なサインに注意を払うなら、間をとったり、声をかけたり、困惑のもとを確かめたりする機会として、そうしたサインを使うことができる。誰も質問をせず、何事もなかったように続けるだけなら、「教えることができる瞬間」を簡単に見逃すだろう。そうした困惑を簡単に察知できない新しいオンラインモデルの教育に対して、対面式の教室の一つのメリットがここにある。

身体化された活動の促進

　パフォーマンスのような身体化された活動は、「伝統的な学術的著作で抑制されたり無視されたりするような視覚的、情動的、直感的領域に入り込む」ことができる（Horsfall and Titchen, 2009, p.158）。これまで論じたように、運動やダンス、民衆演劇を通じて身体で表されるストーリーは、言葉で表現するより穏やかな方法で、あるいは身体の中にある知識が全く意識されていない時、人とコミュニケートしたり関係を持つ方法とすることができる。身体化は、「生活の経験が身体を通して必然的に媒介されるような」経験的な学習の一形態である（Shilling, 1993, p.22）。

社会運動における身体

　パービアイネンによれば、身体は、社会運動の研究の中では、重要な役割を果たしている（Parviainen, 2010）。**運動**や**動員**といった言葉は、しばしば比喩的な意味で社会を変化させる活動の中で用いられることに彼女は気がつき、こうした用語のもっと文字通りの使用法をも彼女は探った。「振り付けられた抵抗（p.316）」と呼ぶ例を示し、人々が社会的な告発のメッセージを伝える方法として自分の身体を用いている例を挙げた。他者へのメッセージの形成に加えて、振り付けは、告発者に「自発的で身体的な反応の裏に独自の道徳的なコー

ドや原理に直面」する機会を提供し（p.327）、学習のためのもう一つの道を提供している。

学習者の抵抗

身体教育学は、学習に対して多くの門戸を開く一方、教育者は、学習へのこの超合理的アプローチを全ての学習者が快適に思うわけではなく、人によっては抵抗を示す場合もあると知る必要がある（Freiler, 2008）。私の成人教育の実践でも、身体活動や演劇活動への参加に関心を示さず、そうした活動を「現実」の（書物の）学習ではないから時間の無駄と考える学習者にも出会った。多くの成人にとってはその身体が快適でなく、学習が身体的な領域で生じ得るという考え方がなお異端的な概念であるということはわかっている。そんな時は、あまり脅威にならない運動から始めて少しずつ快適な場所へと導くようにしている。例えば、自分の緊張が身体の中で起こる場所に気づかせたり、少しずつ挑戦的な活動へと移行していくのである。最初の困惑や不快感を乗り越えれば、自分たちの身体への積極的な関わりから、いかに多くのことが学べるかに気づいて驚くのである。

身体化に対する学習者の抵抗は、時に、深く浸透した文化的な規範や期待、無力感に基づく自意識の結果かもしれないし、あるいは過去の身体的な暴行や虐待の結果からかもしれない。教育者は、こうした経験に敏感になる必要があるし、学習者に特定の活動を免除する機会を提供する必要がある。

結　論

人の動きは、他の方法では生み出すことができない意味を作り出す方法である。人々は、自分の全体的な自己と、身体的で感情的に生きた自分の経験の全てを学習環境の中で育てている。こうした経験の全てを尊重しないということは、学習者自身の侮辱につながる。全ての認識の方法をとることが妥当なのだが、アメリカの土着の文化と同様世界を取り巻く文化は、西洋文化を主流とするというよりも、もっと広い認識論の領域に依存している。成人教育者として、多様な文化的視野からの認識法を知り、認めて、自分たちの実践の中にこ

第1章　直感的認識と身体化された意識

うした視野を取り入れていく必要がある。

　本章は、身体化された認識について、そうした認識が意識に生じ、その知識にどのように近づくことができるか、そして認識の起源としての身体をどのように再認識できるかについて探ってきた。身体化の教育学、身体教育学のポートレートを描き始めたのである。このポートレートはまだ未完成である。身体化された認識が私たちのカリキュラムや実践にしっかりと取り入れられるまでにはまだ長い道のりがある。本章とこれ以降の章が、ポートレートの完成を助ける成人教育者の刺激となり、世界の教育面で各地域の壁画として描かれることを期待する。

◆参考文献

Blanchard, M. *The Rest of the Deer: An Intuitive Study of Intuition.* Portland, Maine: Astarte Shell Press, 1993.

Bloom, B. S. *Taxonomy of Educational Objectives.* New York: Longman, 1956. (Original work published in 1984.)

Butterwick, S., and Lawrence, R. L. "Creating Alternative Realities: Arts-Based Approaches to Transformative Learning." In J. Mezirow and E. W. Taylor (eds.), *Transformative Learning in Practice.* San Francisco: Jossey-Bass, 2009.

Clark, M. C. "Off the Beaten Path: Some Creative Approaches to Adult Learning." In S. Merriam (ed.), *The New Update on Adult Learning Theory.* New Directions for Adult and Continuing Education, no. 89. San Francisco: Jossey-Bass, 2001.

Crowdes, M. S. "Embodying Sociological Imagination: Pedagogical Support for Linking Bodies to Minds." *Teaching Sociology,* 2000, 28, 24–40.

Damasio, A. R. *The Feeling of What Happens.* New York: Harcourt Brace, 1999.〈邦訳〉田中三彦訳『無意識の脳　自己意識の脳――身体と情動と感情の神秘』講談社, 2003。

Freiler, T. J. "Learning through the Body." In S. Merriam (ed.), *Third Update on Adult Learning Theory.* New Directions for Adult and Continuing Education, no. 119. San Francisco: Jossey-Bass, 2008.〈邦訳〉金藤ふゆ子訳「身体を通じた学習」立田慶裕・岩崎久美子・金藤ふゆ子・荻野亮吾訳『成人学習理論の新しい動向――脳や身体による学習からグローバリゼーションまで』福村出版, 2010, pp.60-74。

Gardner, H. *Multiple Intelligences: The Theory in Practice.* New York: Basic Books, 1993.〈邦訳〉黒上晴夫監訳『多元的知能の世界――MI理論の活用と可能性』日本文教出版, 2003。

Horsfall, D., and Titchen, A. "Disrupting Edges-Opening Spaces: Pursuing Democracy and Human Flourishing through Creative Methodologies." *International Journal of Social*

27

Research Methodology, 2009, 12(2), 147–160.

Jung, C. G. (ed.), *Man and His Symbols*. New York: Dell, 1964. 〈邦訳〉河合隼雄監訳『人間と象徴：無意識の世界』河出書房新社, 1972。

Lawrence, R. L. "Powerful Feelings: Exploring the Affective Domain of Informal and Arts-Based Learning." In J. Dirkx (ed.), *Adult Learning and the Emotional Self*. New Directions for Adult and Continuing Education, no. 120. San Francisco: Jossey-Bass, 2008.

Lawrence, R. L. "The Other Side of the Mirror: Intuitive Knowing, Visual Imagery and Transformative Learning." In C. Hoggan, S. Simpson, and H. Stuckey (eds.), *Creative Expression in Transformative Learning*. Malabar, Fla.: Krieger, 2009.

Lawrence R. L., and Dirkx, J. M. "Teaching with Soul: Toward a Spiritually Responsive Transformative Pedagogy." Paper presented at the 29th Annual Midwest Research to Practice Conference, East Lansing, Michigan, 2010.

Mezirow, J. "Learning to Think Like an Adult." In J. Mezirow and Associates (eds.), *Learning as Transformation: Critical Perspectives on a Theory in Progress*. San Francisco: Jossey-Bass, 2000.

Michelson, E. "Re-Membering: The Return of the Body to Experiential Learning." *Studies in Continuing Education*, 1998, 20(3), 217–232.

Ortega y Gasset, J. *Some Lessons in Metaphysics*. New York: Norton, 1969. 〈邦訳〉杉山 武『形而上学講義』晃洋書房, 2009。

Parviainen, J. "Choreographing Resistances: Spatial-Kinesthetic Intelligence and Bodily Knowledge as Political Tools in Activist Work." *Mobilities*, 2010, 5(3), 311–329.

Shapiro, S., and Shapiro, S. "Silent Voices, Bodies of Knowledge: Towards a Critical Pedagogy of the Body." In S. Shapiro and S. Shapiro (eds.), *Body Movements: Pedagogy, Politics and Social Change*. Cresskill, N.J.: Hampton Press, 2002.

Shilling, C. *The Body and Social Theory*. London: Sage, 1993.

Stanage, S. M. *Adult Education and Phenomenological Research*. Malabar, Fla.: Krieger, 1987.

Stuckey, H. "The Body as a Way of Knowing: Meditation, Movement and Image." In C. Hoggan, S. Simpson, and H. Stuckey (eds.), *Creative Expression* in *Transformative Learning*. Malabar, Fla.: Krieger, 2009.

Vaughan, F. E. *Awakening Intuition*. New York: Doubleday, 1979.

Webster's New World College Dictionary. 4th ed. Edited by Michael E. Agnes. Hoboken, N. J.: John Wiley & Sons, 2004.

＊ランディ・リプソン・ローレンスは、シカゴのナショナル・ルイス大学の成人継続教育准教授である。

第2章

身体化された学習と患者教育：
看護師の自覚から患者のセルフケアへ

アン・L・シュワルツ
(ペンシルベニア州立大学ハリスバーグ校　看護学講師・成人教育講座兼任助教授)
荻野亮吾 訳

§ 要　旨

本論では、身体化された認知と、身体化された認知科学について展望し、セルフケアのための教育について探究する。

患者教育に対する私の記憶は、はるか昔、はしかにかかった5歳の時に遡る。私はこの病気にかかった時に、取り外しができる足のギブスと松葉杖に、感染病にかかったことを示す赤と黄の斑点のステッカーがついている、新しい人形をもらった。新しい友人と共通する症状について話をして何とか対処できたことで、病気となり熱を出し、かゆみと不安で眠れず、悪夢を見るという身体化された経験は肯定的なものに変わった。私は、35年間看護師と看護教育者を務めている。小さな時にこのようなケアにつながる経験をしたことによって、患者であることや、ケアをすること、教えることがどのようなことかを理解する基礎が形づくられた。このため、最近流行っているが、一面的な消費者という含みを持つ**クライアント**（client）という言葉は使わないようにし、身体化された「世界−内−存在」と共鳴する、多面的な**患者**（patient）という言葉を使うようにしている。

多くの患者が、臨床の場面で症状を正確に説明できないことに気がつくにつ

れ、身体化された学習に関心を持つようになった。身体から切り離されていると感じていると、患者は身体からのメッセージに気がつかなかったり、そのメッセージを共有しようと思わないことがしばしばある。特にトラウマや虐待といった過去の記憶か、あるいは善意から出た迷信に結び付けられた時に、身体の感覚は誤った解釈がなされる。これらの要因により、臨床診断医や患者教育の担当者にとって、状況は込み入ったものとなる。状況がより明確で、患者が身体の経験を知覚し言語化できる時、患者が受ける健康関連の指導は、自身の身体化された気づきに比べてそれほど大きな意味を持たない。ここで再び、私自身の経験から教訓を得ることとしたい。

　看護の学生であった最後の数ヶ月、神経外科手術を求めなかったため、大きな後遺症を伴うが経過観察とならない、小さな頭部外傷を負った。私はこの診断を受け入れたが、自分が新しい「私」の中で生きていることに気がついた。試行錯誤を繰り返した結果、この私は、**ぼんやりした**状態が徐々に変化しつつあることを読み取り、休息をとれるよう身体への働きかけを行うようになった。食事の時間を忘れ低血糖になったりするので、睡眠時間を多く取り、水分、タンパク質、野菜ジュースを摂取した。無気力な時間があったので、自分を行動へと駆り立てるような音楽をかけ、空間を自由に動き回る感覚を取り戻せるよう乗馬を行った。このような身体への働きかけは、本や専門家から得たものではなく、ましてや自らの置かれている状況について自身で意識的にふり返ったことによるものでもなかった。私の身体が求めるものを「示し」、私はその通りに行動した。

　単なる脳震盪ではなく、頭部外傷を抱えていることが医者で認められるまでに15年かかった。そして、付き合い方がわかるまでにさらに4年かかった。私の脳の中で起こっていることについて視覚的イメージが自然と形成され、新しい症状が始まる前触れとなった。睡眠障害により、症状はうつ病へと変わった。私の身体は私に走るよう告げ、ランニングで生まれた神経化学物質のおかげで、しばらくの間私の脳は機能するようになった。ケアの専門家たちはいつでも話を聞く用意ができていたが、私は話すことができなかった。医療薬が私の脳を元の状態に戻してくれたが、私の身体はまだ治療を求めていた。太極拳は私の身体と精神を再びつなぎ直してくれた。眼球運動による脱感作と再処理

第2章　身体化された学習と患者教育：看護師の自覚から患者のセルフケアへ

法（EMDR）[1]によって侵入思考から解放され、レイキにより身体が再び統合される感覚を持てるようになった。身体の発するメッセージに注意を払うことによって、薬物治療の計画は徐々になくなり、多くの人々を抗うつ剤漬けにしている離脱症状も免れることができた。10年後、自分の身体を信じることを学んでいたために、放射線診断では否定された胸部の変化に気づき、乳がんの診断を受け、他の部位に転移する前に処置できた。実際に私は身体の検査について教えているが、私が見て感じたことは自己診断へとつながっている。この自己診断は、自分の身体について知識を持ち、身体の変化に気づくことができるあらゆる人々に応用可能なものである。現在毎日の治療は、自分の身体の感覚を確認することから始まり、レイキによる自己治療で終わる。私は、身体化された認識を心から信じている。患者としてそれぞれが歩む避けられない道に向けて、他の人がこの知識を持てるよう役立ちたいという強い思いがある。

身体化された学習の定義

　本章は、身体化された学習に関する科学的な観点を活用するための明確かつ実践的な紹介となることを目的としている。成人教育者のフレイラー（Freiler, 2008）は、身体を通じた学習がどのように生じるか、社会科学と現象学の知見を網羅的かつ横断的にまとめている。フレイラーは、**身体性**(embodiment)、**身体化された学習**(embodied learning)、**身体学習**(somatic learning)という言葉が、しばしば互換的に用いられていることを指摘している。近年の成人教育の身体性に関するディスコースは（Jordi, 2011; Su, 2011）、経験的な学習に対する私たちの理解を問い直す概念と関係している。この取り組みは、理論的かつ哲学的で、実存主義を議論の中に持ち込むものである。どちらの著者も、人類はわかちがたく自然に埋め込まれた存在であるという生物学的な概念では、人類の種としての独自性を適切に認識することにつながらないことを批判している。ジョーディとスーは、よく**意識**と**身体性**という用語をまとめて用いている。

　本章における応用科学のテーマにふさわしいのは、身体化された認知を媒介とした神経科学や、身体化された認知科学に由来する、身体化された学習の定義である。この定義は、哲学的・理論的なものではなく実証的に導かれたもの

である。このため、西洋と東洋の考え方の双方を含み、両者の対立を避けることができる。この定義によれば、全ての生物は自然に埋め込まれた動態的な学習システムとして見なされる。神経系を持つ生物は、そのシステムの組織と能力により独特な形の身体を有している。次の定義は、他の種に比べて人類が特別であるという扱いをするものではないが、生命体としての人類の独自性に言及するものである。

身体化された学習（embodied learning）とは、時間や空間を超えて、神経細胞や、知覚データ、記憶、イメージ、アイディアなどのつながりのパターンが発生し定着する、脳の影響を大きく受けた過程である（Kelso, 1995）。このつながりのパターンは、身体化された精神から生じる。**身体化された精神**（embodied mind）は、身体システムの中の、とりわけ神経系と内分泌器系の相互連結によって神経生物学的に構築されるものである。身体化された精神は、生涯にわたる再帰的な神経生物学的な過程を通じて生じる。この過程は、個人間の相互作用や感情が継続されることを必要とする。この過程の最も重要な目標は、身体化された精神を一貫したものにすることで、過去、現在、未来を統合することにある（Kelso, 1995; Siegel, 2001）。

これらの定義は、身体性の仮説を認めるものである。この仮説では、知性が世界に対する身体的**行為**を通じて形成され実体化されると述べている（Smith, 2006）。ここでの**知性**とは、少し身体を動かしたり思い切り飛び上がることによって、身体化された行動と認知を、変わり続ける状況に合わせていく能力のことである。これら全てが身体化された精神に端を発する。**身体化された認知**（embodied cognition）とは、元来、前意識的でそれゆえ無意識的な、言語化されない身体化された認識である。なぜならマインドフルネス[2]が、意識の自然な状態だからである。この状態において身体化された精神は、多くは前意識的に、そして通常は言語を用いずに、自身を知りその身体的な経験をふり返ることに特徴がある（Varela, Thompson, and Rosch, 1991）。

文脈としての患者教育

看護師や患者への教育を行うスーザン・バスタブル（Bastable, 2008）によれ

ば、これまで数十年にわたり、患者教育の理想が、病気からの回復から、病気の予防や健康増進を重視する方向へと展開してきたという。また、患者に情報を与える従来の方法から、患者をエンパワーする方向へと力点を移しているという。現在の患者教育は、患者や家族が参加することに取り組んでおり、文化や言語、学習スキル、リテラシー能力、学習へのレディネスも考慮するようになっている。バスタブルの説明によれば、新たに設計された患者教育では、自己管理のコンピテンスや自信をつけさせることを目的にしている。この流れは、現象学的な「生きられた身体」の観点と軌を一にしたものであるように見える。しかし新しい目標は、患者がリスクのある行動を変え、健康的な生活スタイルをとるようになることで、セルフケアが促され、患者の健康が最適化されていくことにあり、ほとんど指導がなくとも、患者たち自身が退院後の病気や慢性疾患へのケアを行うことにある。これらの行動の変化は、おそらく患者と実践家の双方から望まれているものだろう。態度とスキルは客観的なアウトカムである。学習関心を高めるための、教育できる時間を創り出すことが活動では強調される。心理学的指標によって測られる治療の目的と処方された治療の枠組みに沿う形で、アウトカム評価が患者教育の有効性を定める。（Bastable, 2008）

　勘の鋭い成人教育者は、原理や目標がいまだに行動主義的で、測定できるアウトカムに主導される一方で、患者教育者がどのように暗黙のうちに人間主義的な姿勢をとるのかを不思議に思うかもしれない。ここでは次のことを強調しておきたい。自立やエンパワメント、セルフケアについて話をしているにもかかわらず、ヘルスケアの主流の議論には、以下のことが含まれない。それは、**世界－内－存在**から立ち上がる知識の源としての**生きられた身体**について患者が知ることを促したり、健康を築き自己回復していく基盤としての自覚を高めることである。

成人教育の役割

　成人教育は、患者教育の議論にまさに関わり始めたばかりである。確かに、スタッキーやノーベル（Stuckey and Nobel, 2010）が議論しているように、患者

が病気から回復する過程に、一つの技法として運動を組み入れて行うことは有益だろう。このことは、病気がすでに発症している場合には、再発の予防、つまり第三次予防[3]として説明される。そして、第二次予防や病気の初期の兆候の検査も、身体的な要素を含み始める。成人教育は、様々な形での学習に関する専門性をこの取り組みに役立てることができる。しかしこの取り組みは、未だに特定の病気の過程や医学モデルに直接関連付けられている。もし目視できない細胞組織レベルにおいても、何らかの病気の過程が見られる前に、真の意味での第一次予防や健康増進に患者教育の方向を根本的に変化させていこうとするのであればどうなるだろうか。身体化された学習が適しているのは、どのような場合だろうか。

患者教育を健康のための身体化された学習として捉え直す

　神経生物学的な身体化された学習の定義によれば、身体化された患者教育の目的は、身体的行為を通じてそれぞれの人々の変化する文脈への対応力を高めることにある。人々の身体化された精神は、人生の経験の唯一無二の所産である。したがって、各人の学習も独特であり、その成果も異なっている。しかし、望ましいとされる一般的な身体の動きは、過去の経験と現在の能力をより高次元に統合していく方向に向かうだろう。感情と対人関係も本質的な要素である。方法の中には、それだけに限られるものではないが、心を落ち着けて内省的な気づきを行う自然な状態へと精神を向けることが含まれている（Siegel, 2010）。経験的な身体の分析を通じて自己を認識し、自分と身体とを再度つなぐことにより、つながりの新たな形が作られ始める（Olsen and McHose, 1998）。ダンスの教育から生み出された経験的な身体の分析は、ダンスやヨガの動き、マインドフルネス、心的イメージを通じて身体的事実を教えてくれる。健康には私たちの周りにある世界とつながることが含まれ、病気は個人と環境とが交わるところから始まる。このため、健康増進のための身体化された患者教育は、身体と地球とのつながりを形成しようとする（Olsen, 2002）。この理解は、私の臨床実践の経験に基づいている。ここで私は、健康と健康のための教育が、どちらもスピリチュアリティや文化に関連することを想定してい

る。さらに、健康とは全体的かつ相互連結的なもので、決まった方法や日常的習慣を通じて家族の中でも生じるものであると考えている（Swartz and Tisdell, 2008）。

私は、**臨床行動教育学**（clinical action pedagogy）と呼ぶ教育方法を展開してきた。この教育学は、ミラーとクラブトリー（Miller and Crabtree, 2005）の、臨床的アクション・リサーチのパラダイムに基づくものである。この教育学の目的は、特に心理的な苦痛を伴う状況の下で、実践を行う看護師が自分と患者の健康を保てるよう促すことにある。この教育学を患者教育に応用することで、セルフケアの行動をとるよう促すことができる。看護師が看護学学士を取得するための臨床講座で教育を行う際、私は、職務経験が恒常的に健康状態に影響を及ぼす傷つきやすい集団として生徒たちを捉えることにしている。このため、生徒と共にこの教育学を通じて、第一次予防・第二次予防的な臨床的介入を行っている。同時に、公営住宅における健康資源センターでも、看護師たちと私は患者教育に対するものと同じアプローチをうまく導入している。

臨床行動教育学

ミラーとクラブトリー（Miller and Crabtree, 2005）は、臨床の世界が「支援が求められ、権力が介在する」場であることを、読者に気づかせてくれた（p.631）。ミラーとクラブトリーは、臨床の世界において関係性を回復させようとすることが、身体化された患者教育の目標でもあるとしている。ミラーとクラブトリーは、身体を機械の比喩として捉えることを否定し、「身体を生態学的文脈の中で、有機的な身体として」把握している（p.616）。この比喩は、複雑系科学や生態学から導き出されたもので、本章で先に示した身体化された学習の定義でもある。「身体化され、埋め込まれ、注意深く生きられた臨床経験」（p.609）から、最も良い問いかけが生じるという前提に導かれて、ミラーとクラブトリーは複数の定性的手法を広範囲で行う複合的な研究手法を開発した。

臨床のストーリーを見つけ出し経験し、知識を共有する場を意図的に作り出すことで、この方法は、患者でもある参加者が適切な研究手法を用いて自身の問いに答えることに重点を置いている。自身について学ぶ中で、「参加者は、

自分の状況的知識を問い直し、自ら変容できるようにエンパワメントを行う」（Miller and Crabtree, 2005, p.612）。このためには、自然世界を認識する様々な方法が必要となる。**参加型探究の循環**の中で、個人の知識と集合的な知識が、内部と外部の現実と交わる。この方法は、ウィルバー（Wilber, 1996）の統合哲学に由来し、ケミスとマクタガート（Kemmis and McTaggart, 2003）の参加型アクション・リサーチのモデルに似たものである。

批判的教育学、フェミニスト教育学、そして変容的な成人教育学にも通底することとして、臨床行動研究法では、身体の比喩を意図的に用いる。この比喩は、生物医学の制約のある見方に疑問を呈し、成果や手段的な合理性を超え、人生をより豊かなものにする緩やかな知識に価値を置く。この緩やかな知識とは、「全ての生物が関わることができるような速度と規模で学ぶこと、……つまり知識の民主化」（Miller and Crabtree, 2005, p.612）のことである。ミラーとクラブトリー（Miller and Crabtree, 2005）による、わかりやすい3ステップの過程は、まずコミュニティの中ですでに生じている、新たな健康的な関係性と実践を特定することから始まる。これは、複雑性科学に因んだ**積極的な逸脱**の概念と一致する（Pascale, Sternin, and Sternin, 2010）。これらの典型的な例に関わった後の次のステップは、相互の支援に向け人々との間のつながりを豊かなものにしていくことである。これは、フレイレ（Freire, 1970）がエンパワメントし合う関係を作り出すために用いた、行動とふり返りの対話の過程に基づく。第3のステップは、連帯を作り出すことである。連結された認識を用い、新たに生じた動態的なネットワークを通じて、身体化され状況に埋め込まれた新たな知識が育まれる。

私は、臨床行動教育学を設計するために、ミラーとクラブトリー（Miller and Crabtree, 2005）の研究を応用して、複合的な認識を伴う様々な活動を組み込んだ。例えば、ふり返りと自覚を育む自己管理型の健康評価法、身体が以前に経験した記憶や、場所と結び付いた記憶をふり返って書き留める方法、経験型分析法[4]、ヨガトランスダンス[5]、身体の気づきによるマインドフルネスの実践、省察的なジャーナリング、複雑な臨床の状況における身体の経験の語り、等身大の身体図の制作などである。カリキュラム上の臨床講座では、参加型探究の循環の中の異なる象限を重視するが、全ての象限に関わる活動が

第2章　身体化された学習と患者教育：看護師の自覚から患者のセルフケアへ

含まれており、生徒たちはこれらの違いを認識するよう教えられる。例えば、健康評価の教育の目的は、身体の検査の技術を教えることだけではない。個々人の身体への気づきを高めることで、他の身体化された存在に対するホリスティックな感受性を生み出すことや、生徒たちのセルフケアや、それが高じて患者たちのセルフケアを向上させることも目的にしている。ミラーとクラブトリー（Miller and Crabtree, 2005）の臨床過程と同様に、この患者教育の過程は次の循環に関わる。それは、患者たちが健康や病気についての自身の身体のストーリーを発見すること、教育者が文脈の中で人々やそのストーリーを理解するために自己のふり返りと直感を用いること、これを経てさらなる学びのニーズと今後の行動指針に関して決定を共有することである。

　臨床の場に合わせて、この循環によりプログラムの計画の構造が示される（図1参照）。ふり返りは、書かれたものでなく、口頭で、あるいは作品を通じて行われる。そして自己診断の検診技術は、身体的な自覚に沿って教えられる。患者教育は教育者の自覚を高めることから始まる。その背景にある一貫した学術的な問いは、「私たちの身体と、生命、生態学的文脈、そして権力との間にある複雑な関係とは何だろうか」というものである（Miller and Crabtree, 2005, p.614）。この問いに答えるために、患者は自らの状況的知識を問い直すことになり、これが変容のきっかけとなる。

　コミュニティの専門的な指導者の指導のもとでヨガダンスを始めることは、多くの生徒にとって日常ではできない経験である。このことを通じて、身体や身体の経験、自らの動き、そして「異なる実践者」といった前提に疑問が投げかけられる。この経験について書きながらふり返ることは、自らの文化的、家族的な知識と、コミュニティという外部の現実を結び付け、連結された新たな知識を形作る。訓練に基づく経験的分析に一人耳を傾け、実践を行いふり返りながら記録をつけることで、自身の内部の現実に関する知識は増し、洞察力という集合的知識が教室内で共有される。睡眠障害や共感疲労[6]のような定量化された自己評価の要素を埋めていくことによって、定量的データを用いて外部の現実という観点から個人の知識が生み出されていく。この際にグループで分析を行うことによって、「自分の」知識とグループにおける「自分たちの」知識との間につながりが生み出される。これらの活動を通じて様々な新たな知

身体知　成人教育における身体化された学習

図1　臨床行動教育学の循環：健康のための学習への身体化されたアプローチ

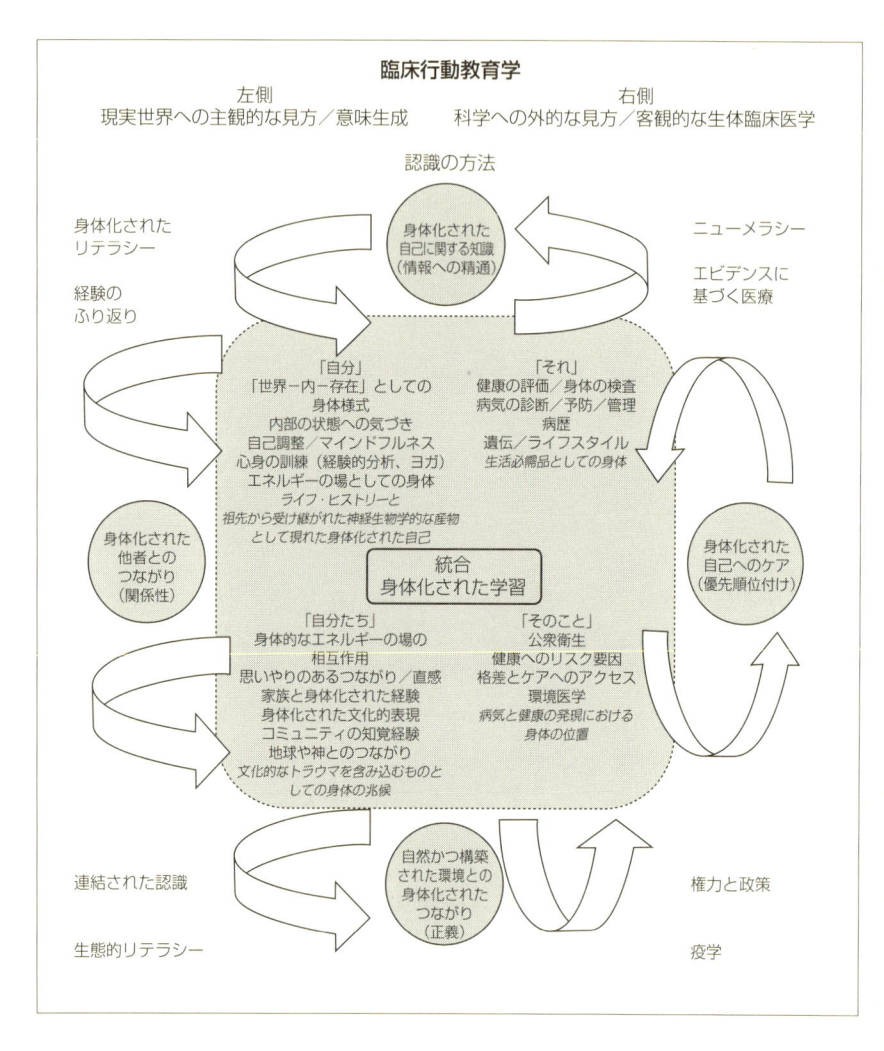

臨床行動教育学

左側
現実世界への主観的な見方／意味生成

右側
科学への外的な見方／客観的な生体臨床医学

認識の方法

身体化された自己に関する知識（情報への精通）

身体化されたリテラシー

経験のふり返り

ニューメラシー

エビデンスに基づく医療

「自分」
「世界-内-存在」としての
身体様式
内部の状態への気づき
自己調整／マインドフルネス
心身の訓練（経験的分析、ヨガ）
エネルギーの場としての身体
ライフ・ヒストリーと
祖先から受け継がれた神経生物学的な産物
として現れた身体化された自己

「それ」
健康の評価／身体の検査
病気の診断／予防／管理
病歴
遺伝／ライフスタイル
生活必需品としての身体

身体化された他者とのつながり（関係性）

統合
身体化された学習

身体化された自己へのケア（優先順位付け）

「自分たち」
身体的なエネルギーの場の
相互作用
思いやりのあるつながり／直感
家族と身体化された経験
身体化された文化的表現
コミュニティの知覚経験
地球や神とのつながり
文化的なトラウマを含み込むものとしての身体の兆候

「そのこと」
公衆衛生
健康へのリスク要因
格差とケアへのアクセス
環境医学
病気と健康の発現における
身体の位置

連結された認識

生態的リテラシー

自然かつ構築された環境との身体化されたつながり（正義）

権力と政策

疫学

識を高めた後、それぞれ組となって3分間臨床のストーリーを語り聴き合う経験を経て、内部と外部の現実に関する個人間のつながりが形成される。この後に行われるふり返りの議論が、第四象限における正義や格差というテーマの分析へとつながっていく。ここでは、現在の健康に関する制度の典型的な現実が議論の俎上に載せられる。グループで協力して、等身大の身体図を制作するこ

とが、最後の統合的経験である。この身体図は、身体化された自己に関する、個人的そして集合的に新たに生み出された知識についての作品であり、同時にふり返りでもある。

　生徒と同じく、私もいつも新しい考え方を体験している。新たに生まれた活動として次のようなものがある。身体の感覚に耳を傾けながら音楽や詩と対話すること。授業で一緒に食事を味わい、その経験に対するふり返りを行うこと。地域を歩きつつ、写真を撮り地域の人々と会話し、その地域のものを食べること。食事の方法を変える経験をし、散歩や深呼吸を行い、その後にこの過程を通じた身体の経験の変化をふり返ること。バイオドット®[7]を用いてストレス反応を、そして高い技術を用いた臨床の仮想環境において意識や身体の気づきの変化を自己測定すること。食事を共有しゲームを行うことで、お互いの文化を体感してみること。自分のレイキに関して学習と実践、ふり返りを行うこと。これらの実践の可能性は、限りないものがある。

身体化された臨床行動教育学の成果

　私は学位論文で（Swartz, 2010）、この身体化された臨床行動教育学を用いて、学習を通じたつながりの新しいパターンの形成について研究を行い、私たち全てが身体を通じて、世界の中で独自な存在の形を有していることを明らかにした。トラウマの経歴と同じように、これらの存在の形は身体の記憶のストーリーの中に現れ、新たな身体化された学習に関わることで再び現れ続ける。全く同じ身体化された学習の実践に関わったとしても、私たちはみな異なる軌道を経て、何かしら異なることを学ぶだろう。私たちは、身体学習を「行っている」時に見られることに不安を覚えるが、集団学習の実践によってこの状態は乗り越えられる。この状況において、対人暴力についての個人の来歴を扱う際には、一層の感覚の制御が求められる。全ての人々は、現在の文脈と身体のそれまでの記憶に関連付けられる中で、新たに身体化された学習を自分の求めるように理解する。この動きは総じて、経験された自己との新しいつながりに向けて行われる。その経験は例えば、内部の気づきだったり、新たなセルフケアの実践を行うことであったり、小さな痛みに対して薬に頼る前に運

動することであったり、あるいは働く環境でより安心感を持つことである。このような専門的な環境のもとで、学習者はより多く自信を持ち、傲慢さがより見られなくなり、患者の身体化された経験により共感し、全体や大局への気づきが増し、代弁者の役割を演じることができるようになる。

　この教育学は、看護師にとって有用であるが、患者にとってはどうだろうか。患者も看護師と同じように、身体化された知識に関する自覚を高めることで、自身の健康を高められる可能性を有する。患者は世界の中の固有の存在として、自分たちにとって均衡のとれたシステムがどのように感じ見えるのか、健康がどのように感じ見えるのかを理解するだろう。また、患者たちはつながっていることや断絶していることが、どのようなものかも理解するだろう。このつながりとは自己や他者、環境、神との結び付きのことである。自らの身体とのつながりが増すことによって、自らの経験を通じ苦痛や痛みの意味を不可解な病気の兆候ではないものとして理解できる。身体のメッセージに対応する様々な方法を持っているという自信を深めることによって、患者はメッセージを無視したりヘルスケアの専門家に受け身で頼らなくなる。感情を理解し、情動的な反応を制御することの価値を知ることで、自己制御の能力は増し関係性が役立つことになるだろう。自分の身体の記憶や場とつながったストーリーを思い出し綴り、身体図を描くことが、統合的な人間として固有のアイデンティティの感覚を持つことへとつながる。全身体的なレベルで、環境を読み解き、適応する自身の能力について学んでいく自信を持つことが、生きていく能力に関する自信を実際に支えていく。

結　論

　本章では、身体化された学習についての神経生物学的な見解を示し、成人教育と、科学が主導するヘルスケアの世界との橋渡しを行った。そして、身体化された患者教育を展開する際に応用できる、身体化された教育に関するよく研究された教育学を紹介した。最後に、セルフケアをできるように患者を本当の意味でエンパワーしていくためにふさわしい手段として、個人の身体化された気づきをもとにした患者教育のビジョンを示した。成人教育は、このビジョン

第 2 章　身体化された学習と患者教育：看護師の自覚から患者のセルフケアへ

を実現するために非常に役立つ位置にある。本章が、身体化された学習を実践家たちが行うためのきっかけになれば幸いである。

◆訳注
（1）眼球運動による脱感作と再処理法とは、過去の体験を思い出しながら、治療者の指の動きを眼で追いかけるリズミカルな眼球運動を続けるもので、トラウマの治療などに一定の効果があるとされる。
（2）マインドフルネスとは、心理療法などで用いられる手法で、今この瞬間の自分の体験に注意を向けて、現実をあるがままに受け入れる状態を指す。
（3）第一次予防が病気の予防や健康増進、第二次予防が重症化の防止や病気の早期発見を指すのに対し、第三次予防は病気の再発防止を指す。予防医学上の概念である。
（4）経験型分析法とは、実際に身体を動かしながら身体の構造を学んでいく方法のこと。
（5）ヨガトランスダンスとは、トランスダンスを組み合わせたヨガの一種である。トランスダンスとは、祈りや音楽、呼吸法を組み合わせて、潜在的な意識や感覚を呼び覚ますダンスのこと。
（6）共感疲労とは、対人援助を行う職業において、接する相手に共感や思いやりを持ち過ぎることによって、働く意欲が減退したり、ストレスが増大する現象のことを指す。
（7）バイオドットとは、皮膚温を計測し皮膚中の血流量の変化からストレスの度合いを測る、シールタイプの検査キッドのこと。

◆参考文献
Bastable, S. B. *Nurse as Educator: Principles of Teaching and Learning for Nursing Practice* (3rd ed.). Sudbury, Mass.: Jones and Bartlett, 2008.

Freiler, T. J. "Learning Through the Body." In S. Merriam (ed.), *Third Update on Adult Learning Theory.* New Directions for Adult and Continuing Education, no. 119. San Francisco: Jossey-Bass, 2008.〈邦訳〉金藤ふゆ子訳「身体を通じた学習」立田慶裕・岩崎久美子・金藤ふゆ子・荻野亮吾訳『成人学習理論の新しい動向——脳や身体による学習からグローバリゼーションまで』福村出版、2010、pp.60-74。

Freire, P. *Pedagogy of the Oppressed.* New York: Continuum, 1970.〈邦訳〉三砂ちづる訳『被抑圧者の教育学 新訳』亜紀書房、2011。

Jordi, R. "Reframing the Concept of Reflection: Consciousness, Experiential Learning, and Reflective Learning Practices." *Adult Education Quarterly,* 2011, 61(2), 181–197.

Kelso, J.A.S. *Dynamic Patterns: The Self-Organization of Brain and Behavior.* Cambridge, Mass.: MIT Press, 1995.

Kemmis, S., and McTaggart, R. "Participatory Action Research." In J. K. Denzin and Y. S. Lincoln (eds.), *Strategies of Qualitative Inquiry* (2nd ed.). Thousand Oaks, Calif.: Sage, 2003.

Miller, W. L., and Crabtree, B. F. "Clinical Research." In N. K. Denzin and Y. S. Lincoln (eds.), *The Sage Handbook of Qualitative Research* (3rd ed.). Thousand Oaks, Calif.: Sage, 2005.

Olsen, A. *Body and Earth: An Experiential Guide.* Lebanon, N.H.: University Press of New England, 2002.

Olsen, A., and McHose, C. *Body Stories: A Guide to Experiential Anatomy.* Lebanon, N.H.: University Press of New England, 1998.

Pascale, R. T., Sternin, J., and Sternin, M. *The Power of Positive Deviance: How Unlikely Innovators Solve the World's Toughest Problems.* Boston: Harvard Business Press, 2010.

Siegel, D. J. "Toward an Interpersonal Neurobiology of the Developing Mind: Attachment Relationships, 'Mindsight,' and Neural Integration." *Infant Mental Health Journal,* 2001, 22(1–2), 67–94.

Siegel, D. J. *Mindsight: The New Science of Personal Transformation.* New York: Bantam, 2010.

Smith, L. B. "Movement Matters: The Contributions of Esther Thelen." *Biological Theory,* 2006, 1(1), 87–89.

Stuckey, H. L., and Nobel, J. "The Connection Between Art, Healing, and Public Health: A Review of Current Literature." *American Journal of Public Health,* 2010, 100(2), 254–263.

Su, Y. "Lifelong Learning as Being: The Heideggerian Perspective." *Adult Education Quarterly,* 2011, 61(1), 57–72.

Swartz, A. L. "Embodied Learning and Trauma in the Classroom and in Practice." In P. Gandy and others (eds.), *Proceedings of the 51st Adult Education Research Conference.* Sacramento, Calif.: Sacramento State University, 2010.

Swartz, A. L., and Tisdell, E. J. "A Spiritually Grounded and Culturally Responsive Approach to Health Education." In M. A. Perez and R. R. Luquis (eds.), *Cultural Competence in Health Education and Health Promotion.* San Francisco: Jossey-Bass, 2008.

Varela, F. J., Thompson, E., and Rosch, E. *The Embodied Mind: Cognitive Science and Human Experience.* Boston: MIT, 1991. 〈邦訳〉田中靖夫訳『身体化された心——仏教思想からのエナクティブ・アプローチ』工作舎, 2001。

Wilber, K. *A Brief History of Everything.* Boston: Shambhala Publications, 1996. 〈邦訳〉大野純一訳『万物の歴史』春秋社, 1996。

＊アン・L・シュワルツは、ペンシルベニア州立大学ハリスバーグ校の看護学講師・成人教育講座兼任助教授である。

第3章

仕事における身体化された学習：
職場から遊び場への発想の転換

パメラ・メイヤー
（デポール大学ニューラーニングスクール　講師）

園部友里恵 訳

§要　旨

職場において、身体化された学習に価値を見出し、その有効性を認めることによって、個人の学習や変容のための場が生まれ、イノベーションや学習や変化のための組織の能力が高められる。

いわゆる「才能のある振る舞い」とは、その人が単に経験を受け
入れる優れた能力を持っていることに過ぎない可能性が高い。

―Spolin, 1999, p.1

　アンプクア銀行は、アメリカ北西部で急速に成長しているコミュニティバンクである。アンプクア銀行では、マシュマロ・ドッジボール[1]という人を奮起させるゲームからローリング・ストーンズ・ダンス・パーティまで何でもありの、遊び心のある「動機付けの時間」で毎日が始まる。ある革新的な衣料品会社は、大人向けのソープボックスダービー[2]といった、従業員自身や顧客のための自発的なイベントを従業員が計画することを奨励している。また、ある高級なおもちゃの会社では、CEOからマーケティングチームや商品管理チームまで、組織の全ての人を対象に即興演劇のトレーニングを行っている

（Meyer, 2010）。アンプクア銀行の文化促進部の副代表であるバーバラ・ベイカー（Barbara Baker）は、実施している身体化された戦略の価値について次のように述べている。

> 皆がより明るく見えるとしか説明の仕様がありません。そして、それ（「動機付けの時間」）はまさにその日の後の時間の雰囲気をつくりますし、私たちは毎日それをやっています。それはただ皆の笑顔を見ることであり、つまり、机のそばに行くと、皆がより頻繁に「ありがとう」と言うことでもあります。皆、周りの人をとても気にかけています。これはとても大切なことだと思います……。私はキャリア戦略部門の誰かのデスクのそばを歩き、マシュマロをポンと投げながらこう言います。「あら、今日はあなたの番よ！」。ところが、もしこんな時間がなかったら、私は下を向いて皆のそばを歩き、レイ（アンプクア銀行のCEO）に会いに行くか、女子トイレに行くか、ランチルームに行くかくらいしかありません。そういう「動機付けの時間」は思い出をつくる機会となり、そして互いのコミュニケーションを図るための色んな方法を生み出す機会をもつくります。（Meyer, 2010, p.167）

これらは、職場における生き生きとした遊び心のある全人格的な関わりと身体化された学習の数多くの例のほんの一部に過ぎない。しかし、それらは残念ながら、標準的なものというよりもむしろまれな例外である。まれである理由の一つは、子供時代のことにある。すなわち、私たちの多くは仕事と遊びは相容れないものであると信じて社会化されてきた、ということである。もう一つの理由は、主として職場の運営上の目的にある。organization（組織）という言葉自体、ギリシャ語で「道具」を意味するorganonに由来する。たいていの組織の目的は、成果を出すことである。成果とは、組織が売ったり提供したりする製品やサービスに関することであり、従業員が学習したり変容したりする機会をつくることではない。職場の機能的な運営上の目的の一つだけに焦点を当ててしまうと、意味がつくられる関係的な空間の複雑性や社会的ネットワークの複雑性を見過ごす可能性が高い。それと同様に、非常に重要な学習と経験

の中核となる場である身体の複雑さも見過ごしてしまう。運営上の成果を重視することのもう一つの意図せざる結果は、学習や開発の戦略がしばしば生産性や効率性を高めるためにだけデザインされてしまうことである。そのような目標志向のアプローチは、人間の遊びの能力や、イノベーション、学習、変化を育む能力を制限する可能性がある。

新たなアイディアを秘めた遊びのための場をつくること

　組織の学習や変容と組織の目標の達成は、相反するものではない。フォーマル、インフォーマルな学習実践において、全人格的で全身体的な戦略に価値を見出し意識的に結び付ける人々は、感情的で身体的でスピリチュアルな生活を含む全身全霊を仕事に持ち込むように促す（Barry and Hazen, 1996）。

　全人格的な関わりの価値を受け入れ理解している組織では、成果やルーチンを重視する職場から、組織の成功にとって不可欠な遊びを取り戻す遊び場へ、という発想の転換が始められている（Meyer, 2010）。**遊び場**とは、まさに文字通り、新たなアイディアを秘めた遊びのための空間であり、人々が新たな役割を果たすための空間であり、制度の中でのより多く遊ぶための空間であり、即興的な遊びのための空間であることを意味する。

　このような発想の転換は、もう一つの重要な組織の利益と関連している。そうするための本質的な動機付けさえあれば、人々は予想外で想定外の出来事に創造的に反応し、新たな解決策を共につくり出すためにイニシアチブをとることは言うまでもなく、自主的に努力し、心に抱いている前提にチャレンジし、イノベーションを起こし、やりがいのある困難をやり通す（Amabile, 1996）。本質的な動機付けは、意味のある身体化された気づきの生きられた経験によって引き起こされる。自己概念や能力が広がることに加え、こうした経験が可能となるのは、リーダー、ファシリテーター、参加者を含む組織の全てのメンバーが、そのための空間をつくることに対する責任を分かち合う時である（Meyer, 2009）。

　学習と開発の実践家は、成果を説明する責任があるという理由から、身体化された学習やそれを促す実践が職場において有効で価値のあるものと認められ

るとすれば何ができるかをまさに想像し始めている。組織における学習の場として、身体が価値づけされるとすればどうなるだろうか。どのような知識が有効となり得るか。どのような能力や才能が現れ得るのか。どのような学習や変容が可能となるのか。

行動の中の身体化された学習

シカゴの小さなデジタルメディアの会社・マイティバイト（Mightybytes）は、仕事においてインフォーマルな身体化された学習を採用することによって、これらの問いに対する重要な答えをいくつか発見している。その学習戦略は、企業の重役や人的資源の専門家、学習や開発の実践家から出されるものではなく、参加者自身の価値観や積極的関与や情熱から本質的に出されるものである。

マイティバイトでの研究を行った際、私は組織の中核に地域コミュニティと持続可能なビジネスの実践への積極的関与があると学んだ。そのことはしばしば、人・地球環境・利益のトリプルボトムラインと呼ばれる（Elkington, 1997）。このような積極的関与の具体例として、定期的に実施される3つの活動を以下に挙げる。

1. 週に一度の「昼食と学習（Lunch and Learn）」セッション。一人が近所のファーマーズマーケットで買い物をし、その後チームで協働して食材から昼食を作り、準備をする。その間にもう一人が新たに生まれてきているデジタルメディアのトレンドや技術に関するランチタイム・プレゼンテーションの準備をする。
2. 金曜午後の「マイティブリュー（Mightybrew）」セッション。数週毎に、クルーメンバー（彼らは自分たちのことをそう呼ぶ）は、会社のキッチンで一緒に活動し、自身や顧客の楽しみのためにビールを造る。
3. 自転車に乗ること。マイティバイトのクルーメンバーはまた、いつも自転車に乗って仕事に行く。彼らは最近、町内の自転車通勤を組織し、チームのメンバー全員を迎えに行きながら、集団でオフィスへ向かう。また、

第3章　仕事における身体化された学習：職場から遊び場への発想の転換

　何人かのマイティバイトのメンバーは、クライメート・ライド（Climate Ride）[3]にも参加する。それによって、持続可能な未来をサポートするための資金が調達される。

　このような実践はそれぞれ、組織における健康や幸福全般に寄与し、重要な新たな知識や可能性を生み出す。身体化された学習や関与のそれぞれの戦略によって、多くの参加者がより目立つようになる。マイティバイトのウェブ開発者であるブライアン・ゼラ（Bryan Zera）は、インタビューで次のようにふり返った。

　　ビールを造ったり、同僚と自転車に乗ったり、昼食と学習セッションへ参加したりしている、まさにその瞬間、協働的なもの（アイディア）は、何でも「単なる仕事ではない」と思えるものになります。ここは、皆がこの身体的な空間にいたいと思い続けられるために行うことに専ら使われる場所なのです……。だから、こうした仕事以外のことを行うことによって、今起こっていることに集中し続けられます。同様に、仕事の場合も、遊ぶ機会が与えられることで、ここで起こっていることに集中し続けられるのです。

　身体化された学習に価値を見出しそのための空間をつくっている組織は、多くの利益を得る。参加者は、仕事の楽しさや効率を高める個人や集団の能力を発達させる。参加者はまた、重要な関係性から生じる知識（Park, 1999）を生み出し、元気を取り戻してより深く関与し、協働環境を改善する。

関係性から生じる知識

　ゼラは、自身の経験を、「このようなことを共に行う時、自分が同僚のことをよりよく知っているような」感覚であると説明した。また、こうした身体化された全人格的な経験を通してつながりがつくられるため、より気楽に人に助けを求められると述べた者もいた。デザイナーのジョイ・バーク（Joy Burke）は、「私たちの共通テーマは、お互いに失望させたくはないということです」と話した。表象的な知識や道具的な知識とは異なり、関係性から生じ

47

る知識は彼ら自身の関係の中に埋め込まれており、共有された経験を通して得られる。

元気づけられることと関与

ゼラはまた、チームを奮起させるための自転車での集団通勤のような活動の力についても、「私はその日非常に元気だったことを覚えている」とふり返った。彼はまた、ビール造りの日に、関与している感覚がどのように高まるかということについて話した。

> ……なぜなら、ビール造りは、立ち上がったり、他のことをしたり、差し迫ったタスクから離れて気晴らしをさせてくれるからです。そして、それは本当に良いことなのです。なぜなら、ボイル（ビール造りの行程の一つ）など、ビール造りの過程にはかなりの時間を要する行程があるからです。ボイルには合計一時間かけなければなりません。材料を加えることで中断され、必然的に一息つくことになり、一つの行程を成し遂げ、立ち上がって他の行程に移ることになるのです。

ゼラにとって、自転車に乗ることやビールを造ることといった遊び心のある気晴らしは、仕事の中の遊び心に直接影響する。

協働環境の改善

自転車に乗ろうと、ビール造りをしようと、一緒に料理をしようと、身体化された学習は、その後の勤務時間まで続く。バークは、身体化された学習の実践のメタファーの力を発見している。その力とは、「日々の仕事における仕事のやり方のシンボルのようなものです。そして同じことがビールを造る時にも言えます。へまをする者は誰もおらず、私たちは皆、全てがカバーされるように注意を払おうとします。何が起こっているか、そして次にどうなるかを知っている者もいます。つまり、我々は同じ方法で働いてもいるのです」。

ビジネス開発の専門家であるビル・ダジャイアンティス（Bill Dagiantis）は、マイティバイト社の身体化された戦略が、全ての人のためらわずに自分で考え

る能力をどのように向上させたのかということについて、インタビューで次のように話した。「同じ部屋の中にいるのに、料理をする人もいれば、ホワイトボードのそばに立っている人もいるのがわかりますよね。あるいは冷蔵庫から何かを取り出す人もいれば、飲み物をついでいる人もいます。すると料理しながらも、彼らはビジネスについて談笑して過ごすのです。そのことが私たちの能力を向上させてくれます……ためらわずにアイディアを考える能力を」。

身体化された変容的学習

ファシリテーターとして、即興演劇のゲームのような身体化された戦略を用いた際、私が今「身体化された変容的学習」であると信じていることの例を多く目撃し記録してきた。そして「身体化された変容的学習」の場合、変容は、パースペクティブ変容（Mezirow and Associates, 1990）の形ではなく、身体化された経験における変容を通して生じる。その時大人たちは、安心して全身全霊で参加でき、感情や直感やユーモアや環境だけでなく全身に気づき、全身を没頭させられるような空間を共に生み出す（Meyer, 2009）。即興演劇を学んでいる参加者が普段とは異なる自分を経験し始めると、それまでの自信が揺らぎ、次第に受け入れるように変容し始め、自信がより広がった能力の中で生かされるようになる。

仕事らしくない

加えて、大人が即興演劇を学んだ際の経験について書かれたものを研究するにつれて（Meyer, 2006a, 2006b）、繰り返し出てくるテーマに気づいた。それは、「仕事らしくない」ということである。多くの人々は、仕事における日々の生きられた経験を、即興演劇を学習するという経験とかなり対比させた。即興演劇のゲームに参加したリサの経験は、身体化された学習が仕事日の前後、また仕事中においても参加者を活気づけることができる重要な方法であることを例証している。メインメリスとロンソン（Mainemelis and Ronson, 2006）は、気晴らしとしての遊びと関与としての遊びを区別している。リサの場合、彼女を活気づけるような気晴らしとしての遊びの経験が彼女を回復させた。その結果、彼女はより遊び心を持って仕事に没頭することができた。彼女は次のよう

49

に述べた。

> エクササイズの間、私はなんて元気づけられていたのだろうと驚きました。……想像力を刺激することは私にとって変容するという経験です。なぜならば、その日にあったあらゆるつまらないことが消されていくためです。異なる速度で歩くことや様々な台本を想像することによって、気づきの感覚やリフレッシュした感覚が得られました。お腹をいっぱいにしたり、いれたてのコーヒーを一杯飲み目を覚ます時のように。効果を感じるまでに本当にほとんど時間もかかりませんでした。……私は疲れ、仕事で疲弊していましたが、生き返り元気を取り戻すような感覚を得始めました。コーヒーよりも良いし、確かに何より楽しい！（Meyer, 2006a, p.2）

クリスティーナは、リラクゼーションのエクササイズの間に「（自分の身体の中から不安が）ゆっくりと消え失せていくような経験」といった、リサと同じような経験について説明した。「私は自分に言い聞かせ続けました。大丈夫、すぐにこの感覚は消え、この教室で私たちが生み出す活力を感じることができるだろうと。私はがっかりしませんでした。「この場の今という時間」を行動するとすぐに、あらゆる不安が少しずつ、ゆっくりと私の身体から消え失せていくように感じます」（Meyer, 2006b, p.138）。

身体化された学習戦略は、教室で起ころうとキッチンで起ころうと、参加者個人や組織全体にとって重要な価値を生み出す。人々がありのままでいられ、全人格的で全身的な関与ができるような機会を与える職場は、働く人々が組織を良くするために創造的な活力を自由に使える場となるであろう。

実践家への示唆

組織のシステムの中で実践し参加する私たちは、仕事において身体化された学習のための空間をつくる責任をいかに共有し得るのか。その第一歩は、身体化された学習とそれが生み出す知識が組織のあらゆるレベルにおいて価値があると確信することである。多くの場合、身体化された学習が有効であると証

第3章　仕事における身体化された学習：職場から遊び場への発想の転換

明するためには、職場から遊び場へと発想を変えることが必要である（Meyer, 2010）。実践家は、認知的な変容よりもむしろ全人格的なアプローチをとることができる。そして、何が組織的に「有効な」ものであるかを見出すために、身体化された実践の活用をいくつか試み始めている。経験している間にどのようなことを観察しているのか。もし何かあるとすれば、どのようなことが集団力学の中で変化しているのか。参加者は何を記述し、どのような利点を報告するのか。これらの問いに対する答えには、おそらく、組織にとって、そして参加者にとって価値のある利点が含まれるであろう。本節では、リーダー、ファシリテーター、参加者が、身体化された学習が生じ得る遊び場をつくるために責任をわかち合う方法をいくつか提案する。

リーダー

　フォーマルであれインフォーマルであれ、変革に影響を与えることに責任のある人は、組織の価値観や振る舞いを形成したり強化したりするため、最も重要な影響力を持っている。

　許可を与えること。許可を与えるという役割は、組織のリーダーが果たす役割の中で最も影響力のあるものである。組織のリーダーの他、イノベーションや学習や変革につながりやすい振る舞いや態度を形成し強化する者も、しばしばこの役割を有していることもある。許可を与える人はしばしば、最初に、突飛なアイディアや個人の経験を共有するという危険に飛び込み、怒らせるような質問をする。あるいは、許可を与える人とは、一般的な規範の限界を越えて進んでいく最初の人である。

　許可を与える人の役割は、組織環境の中で特に重要である。なぜならば、個人は文化的な規範を検証するというよりも、好ましい振る舞いであると考えられていることに自身の振る舞いを適合させがちであるためである。朝、アイディアを生み出し協働するエクササイズを行った後、製造業の営業管理職の人がプレゼンを始めるために立ち上がった時、私はリーダーシップによって与えられる許可の例を目撃した。彼女は最初のスライドを準備する時、飛び上がってくすくす笑い始めた。そしてそのことが集団から多くの笑いや拍手を引き出

51

した。彼女の遊び心のある身体化された魂によって、他の人々も遊び心を持って行動することができた。そして、そのことによって、伝統的には乾いた物質のような午後の間も、生き生きとした創造的な協働や絶え間ない探究が続けられた。

ファシリテーター
　フォーマルに、あるいはインフォーマルに、集団や個人の学習、探究、協働をデザインし導く役割を引き受ける人々は、組織の実践やルーチンに強く影響を及ぼすことができ、身体化された学習を可能にする遊び場の管理人となることができる。

　身体化された気づきをもたらすこと。ファシリテーターという役割を演じる際、身体化された学習を促すことは、たいてい最も容易なことである。立ち上がり、少し深めのリラックスした呼吸をし、自身の身体的で精神的で感情的な状態への気づきを引き出すことで、参加者は「自身の身体の中へ戻る」ことができる。こうしたシンプルな実践によって、身体化された学習への門戸が開かれる。身体化された気づきを何度ももたらすことは、人々が立ち上がり、動き、ものの見方を変え、身体に染みついた経験を壊すための様々な機会となることに加え、身体化された学習についての新たな気づきや、正しい理解を促す。即興演劇のゲームは、身体化された学習に関与し、人々を自意識から自由にするという点において特に効果的である。参加者もまた、このような非伝統的な手段を通した気づきを表現するように勧められる。例えば、ファシリテーターは、書くことや話すことによるふり返りを通じた洞察を共有するように参加者に求めることよりも、むしろ参加者がイメージを描けるようにしたり、あるいは、参加者のその時の身体化された状態を表現する短い動きを構成しパフォーマンスするのを促すことができる。このような実践は、多くの組織の参加者にとって、居心地の良い領域（や文化）の外部にあるように思われるかもしれない。しかし、自信のあるファシリテーターはしばしば、人々が身近で慣れていることを超えて探索できるような安全で遊び心のある空間を共につくり出すことができる。

第3章　仕事における身体化された学習：職場から遊び場への発想の転換

ルーチンを壊すこと。インフォーマルで状況的な学習の経験によって、決まりきったやり方が壊され、新たな気づきが生まれる。そうすることで、人々が居心地の良い領域から抜け出すような仕事の割り当てが広がっていく。ファシリテーターやコーチやマネジャーは、こうした経験を通して人々が考え、感じ、行うことの気づきをいつも探究すると同時に、働く人々が身体という場を利用できる学習習慣の形成を支援することができる。例えば、複雑な顧客の問題を解決する場合に労力を使っていることへの気づきは、それだけ取り組んでいることのサインである。また、さらなるふり返りをすることによって、以前には気づかなかった才能を認識し発展させることができる。

参加者
　正式に権力を持つ役割ではなくとも、学習の共有や協働の成功体験を共に作り出すことに対する責任がある人は誰でも、身体化された学習が生み出す可能性を大きく広げる。職場における人々は誰でも、正式に割り当てられた役割とは関係なく、一人の参加者である。特に、組織のプロセスをリードし進行することが課されない場合、日々の身体化された学習の機会への影響力を最も強く持っているのは参加者なのである。次に、参加者の身体化された学習を高めることができるシンプルな実践を2つ挙げる。

呼吸すること。その時の身体化された状態に気づくために日中に2、3回深呼吸することは素晴らしい方法である。呼吸によって、リラックスし、今という瞬間へと戻るだけでなく、利用できる情報や学習や洞察の**全て**に注意を払うことができる。

探究すること。同僚の身体化された状態について探究することは、最初はぎこちなく見えるかもしれない。しかし、「これに対して反応する時に何を感じていますか」、さらに踏み込んで「身体は何か教えてくれますか」と尋ねることは、学習の場としての身体に慣れさせることへの導入として役立つ。この問いは、「あなたはどう思いますか」という単純な問いではないのである。

結論

組織のあらゆるレベルの人々が全身全霊で関われるような遊び場をつくること、そしてそのような実践を育むことによって、人々が新たな役割を果たし、新たな能力を発見するための舞台を設定できる。学習や開発の戦略があまりにも緊密に組織の運営や成果と結び付けられていると、関与やイノベーションにとって最も有効な可能性や、新たな可能性を持つ遊びが抑制されるか、完全に忘れ去られてしまう場合もある。居心地の良い領域から離れて自身の身体を受け入れる覚悟のある人々は、個人的な恩恵を得るだけに留まらない。そうした人々はまた、他の人々にも機会を提供し、これまでには想像できなかったほどの組織的な価値を伴った独自の学習や発展の新たなフロンティアへと導くであろう。

◆訳注
（1）ボールの代わりに大きめのマシュマロを用いて行うドッジボール。
（2）アメリカで古い歴史を持ち、世界的にも開催されている、子どもを対象とした重力カーレース。
（3）持続可能性、アクティブな交通・輸送手段、環境保護運動に対する意識醸成や支援のためにチャリティイベントを行う非営利団体。サイクリング等の自転車に関するイベントを多数運営している。http://www.climateride.org/

◆参考文献

Amabile, T. M. *Creativity in Context.* Boulder, Colo.: Westview Press, 1996.

Barry, D., and Hazen, M. A. "Do You Take Your Body to Work?" In D. M. Boje, R. P. Gephart, Jr., and T. J. Thatchenkery (eds.), *Postmodern Management and Organization Theory.* Thousand Oaks, Calif.: Sage, 1996.

Elkington, J. *Cannibals with Forks: The Triple Bottom Line of 21st Century Business.* San Francisco: Wiley, 1997.

Mainemelis, C., and Ronson, S. "Ideas Are Born in Fields of Play: Towards a Theory of Play and Creativity in Organizational Settings." *Research in Organizational Behavior: An Annual Series of Analytical Essays and Critical Reviews,* 2006, 27, 81–131.

Meyer, P. "Learning Space and Space for Learning: Adults' Intersubjective Experiences of

Improvisation." Paper presented at the Adult Education Research Conference, University of Minnesota, May 20, 2006a.

Meyer, P. "Learning Space and Space for Learning: Adults' Intersubjective Experiences of Improvisation." Unpublished doctoral dissertation, Fielding Graduate University, 2006b.

Meyer, P. "Learning Space/Work Space: Can We Make Room for Transformative Learning at Work?" In B. Fisher-Yoshida, K. D. Geller, and S. A. Schapiro (eds.), *Innovations In Transformative Learning: Space, Culture, and the Arts*. New York: Peter Lang, 2009.

Meyer, P. *From Workplace to Playspace: Innovating, Learning and Changing Through Dynamic Engagement*. San Francisco: Jossey-Bass, 2010.

Mezirow, J., and Associates (eds.). *Fostering Critical Reflection in Adulthood: A Guide to Transformative and Emanicpatory Learning*. San Francisco: Jossey-Bass, 1990.

Park, P. "People, Knowledge and Change in Participatory Research." *Management Learning,* 1999, 30(2), 141–157.

Spolin, V. *Improvisation for the Theater.* Evanston, Ill.: Northwestern University Press, 1999.〈邦訳〉大野あきひこ訳『即興術――シアターゲームによる俳優トレーニング』未来社, 2005。

＊パメラ・メイヤーは、デポール大学ニューラーニングスクールで教鞭をとっている他、メイヤー・クリエイティビティ・アソシエートの代表でもある。

第4章

女性のストーリーを身体化する：
コミュニティの気づきと社会的行動に向けて

ジョランダ・ニエベス
（ウィルバーライト大学准教授）

佐藤智子 訳

---

§ 要　旨
　この章では、コミュニティの気づきに向け、身体化された知識に関する4つの概念として、可能性、リスク、集団的な関わり、そしてパフォーマンスに注目する。

　あなたは、イメージを産み出さなければなりません。それらのイメージは、産まれるために待っている未来なのです。あなたが感じる違和感は恐怖ではありません。それが生じるかなり以前から、未来はあなたの中にあるに違いないのです。

——Rainer Maria Rilke

　創造的な行為の中にある本質とは、スピリチュアルで心的な要素です。その本質は、スピリチュアルなものを掘り起こすことであり、内面にある空虚に乗り出し（冒険し）、そこから意味を推し量り、さらにそれを世界に発信することでもあります。このような仕事に取り組むには、身体、魂、精神など人間の全てを必要とします。

——Gloria Anzaldua

第4章　女性のストーリーを身体化する：コミュニティの気づきと社会的行動に向けて

　知識がある種のエネルギー源だと考えてみたら、どうだろうか。このエネルギー源が、私たちの身体を形作る細胞の中に生き、そして現出するのだと想像してほしい。そして、学びや思考は、私たちの中に内在していると想像してほしい。何ヶ月もの間、私は、人生それ自体を身体化するためにコミュニティ教育プロジェクトを企画してきた。このプロジェクトを研究し展開する中で、自分の経験を言葉にすることに苦慮してきた。この章では、私のナラティヴ研究の内容を検討する。これは、抑圧された知識を女性がどのように身体化し、パフォーマンスを通じてそれをどのように解放するかの事例研究として、一つのパフォーマンスのテクストの中で明らかにされたものである。セルビー（Selby, 2002）は次のように記している。「世界の中の存在は、あらゆるものが他の全てと関わりを持っています。そして、より深いレベルにおいては、あらゆるものが他の全てのものに埋め込まれています。流れ、動き、そして複雑さは、せいぜい暫定的な認識を生み出しているに過ぎないということを認識しなければなりません。これらは、私たちの持つヴィジョンが限定的であり、問題の全てを理解し考えるには無力であるからです」（p.84）。私が提案するのは、知性の中に格納された認識は、暫定的なものであれ合理的なものであれ、私たち自身がそれに順応しようとする限り、それらは身体の中に恒久的に格納されている知識によって補完されているのだ、という見方である。

　身体化された知識を共有するプロセスは、次のようにも表現することができる。肉体が孵化装置（インキュベーター）として機能し、記憶が胎児として私たちの中に宿り、声が知識を取り上げる助産師となり、そして実践が知識を分配する生命力となる。身体の中に納められた知識はパフォーマンスを通じて他者に伝えられるという考え方が、正統なイデオロギーとして学術的に生み出されつつある。私は、身体化された知識を成人教育の手段として認めることが、学術研究の世界を治癒する力になると信じている。

　私たちが「直感」（直観、第六感）と呼んでいるものは、流動性の高い細胞膜のように、変化したり成長したりするエネルギーの一種である。このエネルギーをよく知ることが、社会的行動を促す力になり得る。私自身、力となる直感のこの流動性に従って、コミュニティ・アクション・プロジェクトに没頭している。このプロジェクトは、私にとっては人生を変える経験となった。

プエルトリコ女性の第二世代のアイデンティティ構築に関するナラティヴについて研究しようと思い立ったのは、小さなキッチンに妹や娘たちという身内が集まって賑やかに談笑している中での出来事だった。それは、私たちの身体が単に知性を格納しているだけでなく、いかに過去、現在、記憶、そして進化（変革）が交差する場の基軸となり得るのかについて、より深く理解する契機となった。研究を続けるうちに、私は、声、ナラティヴ、テクスト、そしてパフォーマンスの中に身体化された緊張状態を目の当たりにすることになった。この緊張を解きほぐすにはどうしたらよいのだろうか。

可能性を身体化する

　身体は、私たちが説明しようとしている有機的な方法によって、一つの容器のように歴史的・文化的・政治的な記憶を抱えている、というのが私の立場である。身体がストーリーの演じ方をどのように選んでいるかを正確に説明することは困難である。これを直感と呼ぶことがある。あるいは、それを、具体的な瞬間に合わせて自然に発生する有機的なプロセスに起因するものだと考えることもできる。第二世代のプエルトリコ女性の実体験を調査するための研究に着手した時、詩と演劇とコミュニティに対する私の想いから、パフォーマンスのアイディアが浮かんできた。調査は、枠組みを得る以前の段階から、妹と共同で進めてきた。妹もまた詩人であり、女優でもある。私たちが一緒に書いた台本は、権威ある演劇コンテストで入賞した。私も妹も、そして私の2人の娘も、その受賞に驚きながら、その台本のリハーサルを開始した。さらに私は、学位論文の指導教員にこのイベントへの参加をお願いした。

　パフォーマンスの後、観客からの好意的な反応が返ってきたことに驚いた。指導教員に説得されて、私は調査のために収集したデータの身体化を検討することに同意した。こうすることで、社会的活動を取り入れたコミュニティ教育プロジェクトが実現するかもしれないと思えた。1月の凍てついた午後に、再び妹と娘たちを集めた。第二世代のプエルトリコ女性たちが長く経験してきていながらも、植民地主義、人種主義、性差別主義、そして家父長的な社会構造の中で沈黙を強いられてきたアイデンティティと疎外の問題を、私たち

第4章　女性のストーリーを身体化する：コミュニティの気づきと社会的行動に向けて

は批判的に検証しようとしてきた。その中で、妹と娘たちは、私にとっての最初の協働者であり、今や固い絆で結ばれた女性の同志である。陽が落ちるにつれ、私たちの身体は、身体的・音声的な反応を繰り返し、巧みに動くようになった。この反応は、集合的解放教育プロジェクトの始まりを示すものだった。身体とは確かに苦闘の土壌であるということを、その日、私は身体的に経験したのだった。疎外された経験の真実を共有し始めるにつれて、私の唇は震え出した。顔の筋肉は引きつり、心臓の鼓動は太鼓をたたくかのように耳の奥で大きく鳴り響いた。深呼吸する前の短く荒い息遣いが、私の証言に絡みついた。私たちは、お互いを身体的に遮って同時に会話を始めた。私たちが考えを共有した時、全てが同時に生じたのである。立ち上がり、ゆっくりとした動きの中で、目を大きく見開きながら、時にはお互いの話を止めて、またある時にはお互いの腕の中に哀しみをすくい取っていった。こうして私たちの肉体は声になった。その声によって、私たちは痛みを伴う真実の告白と集合的な強さが交差することを体験し、「他者」の障壁を打破し、**主体**と呼ばれる場へと導かれた。

リスクを身体化する

　研究のために私がインタビューした5人の女性は、数十年にもわたって身体の中に抱えてきたストーリーを語ってくれた。彼女たちが話をしてくれる際には、私のことを「知己」として扱ってくれたのだった。このような固有の文化的文脈で私を「知己」と見なしてくれたのは、私自身の出自から、彼女たちが私をコミュニティの一員として受け入れてくれたことを意味していた。実際に私は、彼女たちが住む地域の近隣で、それまでの人生の全ての時間を過ごしてきた。彼女たちの「知己」であるということは、私の家族の何十年にもわたる時間、つまり地域の宗教・文化・政治の歴史と古くからのつながりを有してきたということでもあった。私は彼女たちの一員で、いわば身内であり、それによって私は、彼女たちの信頼を得ることができた。

　女性のナラティヴに関する分析では、批判的人種理論（critical race theory）、ラテンアメリカ批判的人種理論（Latino critical race theory）、そして批判的人種フェミニズム論（critical race feminism）を用いた。批判的人種理

59

論 (Bell, 1992) は、人種がどのように社会的に構築され、人種主義がいかにして私たちの身の回りのシステムに系統的かつ日常的に組み込まれているのかを探究している。ラテンアメリカ人種主義理論と批判的人種フェミニズム論は、批判的人種理論から派生したものである。デルガドとステファンシック (Delgado and Stefancic, 2000) のようなラテンアメリカ人種主義理論学者は、ラテンアメリカ系住民が、アフリカ系アメリカ人と同じ人種差別を経験しているという考え方に異議を唱えている。彼らは、アメリカ合衆国でラテンアメリカ系住民が直面する人種・民族・言語差別の問題に取り組んでいるラテンアメリカの法学者たちのグループによる組織的な運動に貢献した。ラテンアメリカ人種主義理論は、黒人－白人という二元論を超克しようとしている。アンザルデュア (Anzaldua, 1999) やウィング (Wing, 2003) などの批判的人種フェミニズム論学者は、女性が女性であることを理由にして多層的に疎外を受けている点に着目している。批判的人種フェミニズム論は、女性の反本質主義とジェンダーの作用を前面に据える。これらの枠組みは全て、「対抗的ストーリー・テリング」 (counterstorytelling) の考え方を用いている。これは、支配的な文化に依拠する規範的史実や大きなナラティヴとは一線を画すストーリーのことである。つまり、声なき人々の実体験を中心に据えて介入を目指すのが「対抗的ストーリー・テリング」である。そこには、以上のような理論的枠組みの力が働いている。

批判的人種理論と批判的人種フェミニズム論に依拠した対抗的ストーリー・テリングの概念は、このプロジェクトの趣旨にも適っていた。ストーリー・テリングは共同の行為である。テクストは、ストーリーを生み出すために、声、身体、そして身振りを必要とする。よって、ストーリーを思い起こし共有することで、実際には生じているが支配的な社会においては取るに足らないと見なされ、決して記録されることのない出来事について、より広範に理解することができる。ここでは第二世代のプエルトリコ女性ということになるが、疎外された人々にとっては、ストーリーを語ることが、文字化されず記録もされない特定の真実を身体化し共有するための方法である。同時に、対抗的ストーリーは個人を抑圧する政治構造を映し出す。そして、私たち全てを代替的な思考方法にさらす力を持っている。共有された知識は、私たちの社会の中で「不可

第4章　女性のストーリーを身体化する:コミュニティの気づきと社会的行動に向けて

視化」される人々の知識を顕在化させることで、私たちを変容させる可能性を持っている。私は自らの目的のために、対抗的ストーリーを用いて、そうしなければ忘れ去られ消去されてしまう人々と歴史に光を当ててきた。

　夏、インタビュー記録を読み始め、何度か読んでいるうちに、ストーリーの力によって、私自身の身体の内部に彼女たちの人生が入り込んできた。私は彼女たちの実体験を飲み込んでしまったかのように、インタビューした個々の女性になった。インタビュー記録を読み返すたびに、抑圧、疎外や疎外感、そして「他者と化す(othering)」時間を生きていた。私が身体で感じていたのは、女性たちが自らの尊厳を保つための破壊的で逸脱した行動によって獲得した小さな勝利の喜びだった。私は、全身を身体的にもスピリチュアルにも変えていくことに取り組んだ。「ナラティヴ」の時間を通して過去にも未来にも旅をした。数えきれないほどの事例の中で、身体が限界に達していた。消耗しきった私は、太陽が沈まないうちから、疲労した身体をベッドまで運ぶのがやっとの状態だった。

　このような時間全てを通して、ストーリーと私は生命力あふれる協働パフォーマンスとなった。つまり、私がそのストーリーを読んで内面化するに従い、その情報は私の内面で生き生きとした形態となったのである。私はこのストーリーを受精卵に喩える。ナラティヴは、生きた細胞のように他の細胞と結び付き、その後に分裂することで、パフォーマンスのテクストとなる一層大きな身体を形づくる。

　ストーリーのどの部分が含められどの部分が除外されたのかについて判断しなければならないことが、最も難しかった。女性の言葉や、そこに込められた意図は、テクストを通してどのように命を宿すのだろうか。文脈から生まれるテクストは、女性の完璧なあり方、そしてこの研究の完璧さの神話を打ち砕く武器となり得る。私は、女性を不当に扱ったり周辺化したりするようなナラティヴを排除することにした。私の研究課題に関係しないナラティヴも同様に取り除いた。私にとって、女性のナラティヴやそのテクストの記述を身体化することは、心で考える行為となった。そして、インタビューに加わった私の心は、詩、歌、そして身体的動作を必要とした。これら全ては、身体が知識を再現できる方法である。

学者たちは、身体がどのように認知し学習するのかを何とか解明しようとしているが、私はフェミニスト研究に目覚めた学術界に励まされている。デンジン（Denzin, 2005）は次のように記している。「学者たる者、その土地固有のコミュニティ内部に存在する力を習得すべく、文化に応答的な研究実践を発展させねばならない」（p.936）。私はこれに、文化に応答的な研究に携わる者は、自身の身体の中に知識が存在することを信じる必要がある、という点を付け加えたい。

集団的な関わりを身体化する

　知識の身体化は、集団的な関わりの中にも見出すことができる。集団的な関わりとは、成人教育プロジェクトに必要な一つの教育方法である。私がそのテクストを演じようと決断した瞬間から、母親が子供の誕生に備えるのと同じように、多くの事前準備をしなければならなくなった。まず何よりも、テクストは、生きた記録（living document）として演じられなければならない。何ヶ月もの間、私は会議に出席し、公開朗読会に通い続けた。それは、台本を試し、パフォーマンス・テクストに対する観客の反応を見るために、私に「自由な発言」が許された機会だった。私は観客の反応と反響を測りたいと思っていた。

　その中でいくつかの疑問が生じた。観客はストーリーを理解してくれたのだろうか。テクストの中に描かれた民族紛争の深意を汲み取ってもらうことができたのだろうか。ストーリーに対する私の解釈は、観客の意識を向上させる経験として十分に力強いものとなっていたのだろうか。私は、インタビューイーと共有してきた親密さに真摯に向き合ってこられたのだろうか。私が演じるべきは、そのテクストだけなのだろうか。

　博士課程での仕事に加えて、私は、一人の女性のショーがどのように演じられるべきかについての3週間にわたるワークショップも完成させた。それは純粋に、私がテクストを演出するためのある種の枠組みと方法を持っていることを確信するためのものだった。それはもともと、一人舞台のためのものだったのだ。

　しかし、フンボルト公園のコミュニティ（シカゴにある大規模なプエルトルコ人集住地区）の周辺では、私が台本を書いてきた地域の文筆グループを通して

第4章　女性のストーリーを身体化する：コミュニティの気づきと社会的行動に向けて

すでに「ことば」が獲得されていた。詩人でもある一人の若いシングル・マザーは、シカゴの詩の朗読会場の周辺で私が実施した調査に何度か参加していた。彼女がストーリーと直接つながっていたことで、私たちの間には友情が芽生えるようになった。私は自らの調査と挑戦についてのストーリーを彼女と共有した。ただ、テクストのパフォーマンスのための空間を見つけることは難しかった。このようなパフォーマンスはどこで開催できるだろうか？　私はコミュニティ教育プロジェクトのテクストを書き上げたが、大学の環境はそのためには役に立たなかった。フンボルト公園の中にはパフォーマンスのための十分な空間がなかったために、私は、レンタルの倉庫か車庫の中で演じなければならないかもしれないと冗談を言っていた。もう一つの心配事は、テクストがおよそ90ページと、やや長くなっていたことだ。この台本の全てを記憶できるだろうか。これらの問題は、私が乗り越えなければならない第一のハードルとなった。

　若いシングル・マザーと私には、制作グループの中に何人かの知人がいた。シングル・マザーの彼女は、そこにいる女性たちと情熱を共有していた。5人の女性たちは皆、芸術を愛するボランティアであり、このプロジェクトへの参加を名乗り出てくれた。彼女たちは、第二の協働者になった。私の台所は再び、台本の中の声の誕生を促すために、新しい協働者が、第一の協働者である私の妹・娘たちと集う空間となった。私が共演者と呼ぶ女性たちは、この親密な空間で彼女たち自身のストーリーを育んでいった。彼女たちは台本を読むにつれて、質問するために手を挙げるようになり、あるいは様々な場面の声を表現するための希望を主張するようになった。ナラティヴに命を吹き込む手段として、彼女たち自身から表出された声が活かされるようになり、彼女たちは身体化された知識の翻訳者になっていった。集団的な歴史を共有するために、共演者たちは、彼女たち自身の身体と記憶を用いながら、流動性の高い膜となった。

　同じ頃、私は、新しい領域でラテンアメリカの芸術家たちが活躍するのを支援する若きプロデューサーと引き合わされることとなった。たった5分の面会だったが、彼は、私の情熱を見極め、シカゴ・センターで行われる4日間の「パフォーミング・アーツ」に私たちを招待してくれた。このシカゴ・セン

ターは、テクノロジー・ブース、照明、音響、広報担当マネージャー、そしてステージを完備した140席の劇場である。グッドマン（Goodman, 2002）は、共創する状況を「あらゆる生命と宇宙の間の新たな親密性と、私たちの責任と相互関係に対する遥かに深遠な理解が存在する時代」（p.196）と表現した。この成人教育プロジェクトがどのような正の効果をもたらしたのかは私にもわからないが、少なくともそこにシナジー（相乗作用）は存在していた。

共演者と私とで決めたグループの名前が、美しい生命を意味する「ヴィダ・ベラ」である。そして私は、演目の名前もようやく『褐色少女たちの年代記——プエルトリコ女性とレジリエンス』（*The Brown Girls' Chronicles: Puertorican Women and Resilience*）に決めたのである。このように私たちの身体は、ついにナラティヴを演じる場所を見つけたのだった。やがて、より大きなものを生み出そうというアイディアが、共演者たちの、いわば「子宮」の中に芽生えていった。同時に、私自身のレジリエンス（しなやかな強さ）も成長していった。私に伝承されたナラティヴを知ることはとても楽しかった。これは共演者たちによって育まれ、そして今ではコミュニティに帰属しようとしている。

パフォーマンスを身体化する

フィールド・ノーツとして日誌をつけ続けてきたことで、私は、集団内の人間関係、稽古、その他の技術的な問題についての積み重なるプレッシャーにうまく対処できた。コミュニティの中にも変化があった。参加している女性たち以外には誰も台本を読んでいなかったが、コミュニティの中では様々な場面で驚かされた。パフォーマンスの２週間前に、私は日誌の中で次のように書いた。

> 2009年2月27日
> 今回のパフォーマンスの細部にまで疑問の目が向けられている。……しかし、理論枠組みを持っていた私にとって、自分が向かうべき方向性は明確だった。音楽、芝居のビラ……金銭やチケットの問題（チケットの価格がたった５ドルだったので、プロデューサーは私たちがもっと課金しない理

第4章　女性のストーリーを身体化する：コミュニティの気づきと社会的行動に向けて

由を理解してくれなかった）。そして、コミュニティの何人かのリーダーたちは、女性には十分な演技の才能などないと考えていた。いくつかの教会は、私たちの品位に疑問を呈した。これについて、何と答えればよいのだろうか。私は、ただ無我夢中なのだと言いたい。夢以上の幸福感だ。たとえ僅かな間でも、このプロジェクトは歴史の流れに割り込んだのである。

　フィールド・ノーツを読み返すたびに、私は自分の虚勢と無邪気さに驚かされる。その道程には、何人かの脱落者もいた。共演者の一人は、性同一性の問題に関わるナラティヴによって不安を募らせて辞めていった。私は、もう一人の共演者も何とかしなければならなかった。その時の彼女は、集中できず、せりふを覚えることもままならず、時間通りに来ることもできなくて、パフォーマンスの妨げになり始めていた。ショーの1週間前、私たちの共演者女性は7人にまで減ってしまった。ストレスは頂点に達していた。

　共演者たちの中には、自らの外見上の身体と身体イメージの間に葛藤を感じ始めた者がいた。メンバーの一人は、時間に正確にデュエットの中に入ることができなかった。別のメンバーは、いつも、せりふの途中で凍りついてしまっていた。また別のメンバーは、彼女の夫と同僚が「彼女のことを真剣に受け止める」ことができていないという考えで苦しんでいた。女性たちは、身体の痛み、体重の増加や減少、そして舞踏詩のグループ内でのタイミングの難しさを経験した。並外れた肉体美を持っていた一人の演者は、囚われた女性の経験を身体化する「マリリン・モンロー」イメージを壊そうと葛藤していた。私は、全てが隠匿された呪文だと確信していた。これらは、共演者たち自身のアイデンティティの問題、そして、彼女たち自身が経験してきた周辺化に対する演者たちの苦闘の呪文だったのである。テキストを演じ監督するのと同じように、私は折に触れて、彼女たちにそのパフォーマンスのための準備をしておくよう指導をし、時にはおだて、時には叱らなければならなかった。私たちは未だストーリーを身体化できていないが、それでも共演者たちは相互に個人指導をし始め、彼女たち自身の再編された記憶を語り、本や記事を交換し合い、ステージ上での移動方法に関する技術を共有し始めた。ヴィダ・ベラ・アンサンブル

は、より大きな教育プロジェクトの中で、私たちの教育プロジェクトを開始した。リハーサル中、ナラティヴの痛みと勝利が私たちの身体の中に入ってきた時、私たちは動きを止め、泣き叫び、そしてお互いに慰め合う。私たちの身体と心は、興奮と疑問を喚起するコミュニティに向けてテクストを表現するために、自らを再形成しようとしていた。

私は自分自身の考えや恐怖とも闘ってきた。パフォーマンス前の1ヶ月間は、夜になっても十分に休むことができなかった。私は夜明け前に起床し、歩調を合わせて歩き、せりふを確認し、瞑想し、そして自分の身体動作を練習してきた。2009年3月5日、パフォーマンスの日の朝に、私は次のように記している。

人生となったストーリーは、人生以上にリアルだ！

その夜、独自の成人教育プロジェクトが生まれようとしていた。私は単なる「偽物」なのか、それとも私の意思は真実なのか、皆がそれを知ることになるだろう。私の心、身体、そしてコミュニティにおける私自身の歴史が、舞台に上がろうとしていた。ウィルコックス（Wilcox, 2009）は次のように述べている。「生きた経験、パフォーマンス、そして身体的な知能は、相互に関連する3つの概念である。これらの概念は、教育の中で、身体化された学びの方法を私たちが熟考し実践する手助けとなる」（p.105）。これら3つの概念を統合する要素とは、学習の新しい方法を発掘するために交流する人々の集合的な作用であるという点を付け加えよう。観客たちは、そのストーリーについて証言し、私たちが共用させたい知識を身体化することで、このパフォーマンスに最終的な解釈を与えるだろう。

身体化された学びの方法

パフォーマンスを行う4日間は、信じられないほどストレスが多く、気分が高揚していた。毎回の公演の後に設けた質疑応答の時間は、観客たちが何を身体化したのかについての深い洞察を私に与えてくれた。公演の2日後の夜、私

第4章　女性のストーリーを身体化する：コミュニティの気づきと社会的行動に向けて

は次のように記している。

　　この芝居は、ある巨大な怒りの中で、多くの人々の深い感情を掻き立てている。一人の女性が史実に関するワークショップを要望したちょうどその時、その場で、もう一人の女性がテクストを擁護するために立ち上がった。

　私たちの身体化された知識を共有するために最も重要なのは、それを観客に拡張することである。観客は、演じられたナラティヴを受け取る際に、共演者によって与えられたテクストに埋め込まれている知識を吸収した。このようにして観客はそのテクストの最終的な解釈を抱くようになる。一生の中で真実だと知る知識と人生経験は、舞台上で俳優たちが解釈したストーリーに結び付けられる。観客は、特定の場所、空間、そして時間の中に居るというだけの事実によって、解釈の責任を引き受ける。観客はそれぞれ、聴いて、観て、そして普段とは違う一つの経験を持ち帰るだろう。このストーリーの目撃者となる人々は皆、身体化された経験の参加者なのである。学習され、脱構築され、再構築された知識は、様々なレベルで生じるだろう。作家や共演者はそれに気づかないかもしれない。それでも観客は、テクストの欠かすことのできない「共同登場人物」となるのである。

　観客がテクストの共同登場人物になることで、全ての参加者の間に苦痛を引き起こす可能性がある。観客の参加によって、私は、自らが書いた原稿について知っていると思っていた内容を改めて深く考えさせられた。知識を身体化し共有する中で、私たちは無意識に新しい知識を創り出すことができる。私のフィールド・ノーツはそれを示している。2009年5月、私は次のように書き記している。

　　私は毎晩、観客は教室だと思ってそこに（舞台上に）出かけていった。人々がテクストについての強い感情を持っているだろうということは知っていたが、そのような深遠な反応……怒り、誇り、恥じらい、否定、つながり、分離、驚き、不信が引き出され奮起されるだろうなどとは全くイメージしていなかった。そこには希望の感覚もあったような気がする。少

なくとも、私はそう思いたい。こうして私は、知覚するあらゆるものに問いかける。私たちは誰もが、まさに私たちの眼前に立つもの……そこに存在するという否定しようのない経験を通して見える自分自身のリアリティを生み出すような、偉大な仕事をしている。

『褐色少女たちの年代記』が世に出た後の2年間に、全米で5,000人を超える人々が私たちの公演を観てきた。何度も繰り返すうちに、この事例研究が教育者としての私にもたらした最も大きな疑問は、次のようなものであった。身体は学習の源となり、そして、教育や治療の源にもなり得るのだろうか。身体化された知識を共有することによって、コミュニティ意識や社会的活動が生み出される可能性があるのだろうか。これらの疑問に対して、私は、自信を持って「その通りだ」と答えよう。

成人教育者に向けた示唆

　『褐色少女たちの年代記』を通して私が理解したのは、身体化された知識が集合的かつ社会的なパフォーマンスとなり得るということだ。そこでは抑圧され制圧された真実が人々から人々へと伝えられていたのだ。私と共演者たちは、女性のストーリーを通して声を取り戻すことができただけではなかった。私たちは、身体を通して、抑圧された社会的、文化的、政治的な歴史から解放され、そして観客にもそれを取り戻してもらうべく手助けできたのである。私たちが舞台に立ったわずかな時間に、私たちの身体はパフォーマンスを通して制圧された真実を救済し、私たちの真実を再定義した。私たちの身体は、時間に介入する道具として機能し、破壊的なコミュニティ教育プロジェクトに成果をもたらすような土壌となったのである。私たち全員が吸収したナラティヴは、私たちの代わりに介入し、成人教育解放プロジェクトに寄与した。
　知識の身体化は、私たちの身体の時間、空間、場所に位置付けられた、螺旋状の循環的プロセスとしても可視化できる。私たちの身体は一つの流動的な建築様式である。知っていること、学んでいることを思い切って演じるのであれば、私たちの身体は記憶、声、そして習慣の内外を自由に流れ、そして「理

第4章　女性のストーリーを身体化する：コミュニティの気づきと社会的行動に向けて

解する」のである。私たちが採用するこの伝統ある教育プロセスを成人教育者たちが継続的に活用するならば、知の精神が、私たちの実践をより強化するだろう。知の精神とは、身体化され、文脈化され、意識の実演として演じられる。ただしそのためには、私たちの中に埋め込まれているものへの敬意と不快感に、私たちの心身を委ねなければならない。

　アカデミックな儀式や伝統を拡張するため、教育者たちはそれぞれの研究、資源、知識を共有する別の方法を見出すべく、相互に話し合いを持ちたいと思っているかもしれない。教育的な努力のために、アカデミックではないが生きるために与えられたコミュニティ組織に参加することは、研究、教育、学習の力強い方法である。学界の規制された時間枠の内外で時間と空間を共有する機会を見つけることは、コミュニティの構築にも寄与するだろう。最後に私は、一つの問いを投げかけたい。そして、おそらくこれに答えられる人は誰一人いないだろう。より人道的で解放的な教育と学習の方法を創り出すために、私たち教育者は、どのように既存の権力構造を持ち出し、不平等に対して再構成できるだろうか。それができるならば、きっと、パフォーマンスに挑戦し続ける人生が私たちの中で身体化されるに違いない。

◆参考文献

Anzaldua, G. A. *Borderlands/La Frontera: The New Mestiza* (2nd ed.). San Francisco: An Aunt Lute Foundation Book, 1999.
Bell, D. *Faces at the Bottom of the Well.* New York: Basic Books, 1992.
Delgado, R., and Stefancic, J. (eds.). *Critical Race Theory: The Cutting Edge* (2nd ed.). Philadelphia: Temple University Press, 2000.
Denzin, N. K. "The Discipline and Practice of Qualitative Research." In N. K. Denzin and Y. S. Lincoln (eds.), *The Sage Handbook of Qualitative Research.* Thousand Oaks, Calif.: Sage, 2005.
Goodman, A. "Transformative Learning and Cultures of Peace." In E. V. O'Sullivan, A. Morrell, and M. A. O'Conner (eds.), *Expanding the Boundaries of Transformative Learning.* New York: Palgrave Macmillan, 2002.
Selby, D. "Expanding the Boundaries of Transformative Learning." In E. V. O'Sullivan, A. Morrell, and M. A. O'Conner (eds.), *Expanding the Boundaries of Transformative Learning.* New York: Palgrave Macmillan, 2002.
Wing, A. K. (ed.). *Critical Race Feminism: A Reader* (2nd ed.). New York: New York University

Press, 2003.
Wilcox, H. N. "Embodied Ways of Knowing, Pedagogies, and Social Justice: Inclusive Science and Beyond." *NWSA Journal*, 2009, 21(2), 104–120.

＊教職博士のジョランダ・ニエベスは、シカゴにあるウィルバーライト大学の准教授である。彼女は、ヴィダ・ベラ・アンサンブル（the Vida Bella Ensemble）の芸術監督、劇作家、そして詩人でもある。

第5章

野外での経験的な教育：
身体化された学習

エリック・ハウデン
(グローバル青少年指導者協会運営部長)

佐藤智子 訳

§ 要　旨

本章では、経験的な教育について検討する。そこでは、社会的、感情的、知的な成長を促すための直接的な経験が用いられる。

　人々が考え方を理解したりスキルを習得したりした時を思い出すのは、ほとんどの場合、何らかの経験に参加しながらそれを学んだ場合である。つまりそれは、活動を行った結果として生じる学習成果と同義の学習である。実際に何かを経験している時、学習者は、学習のプロセスと経験の成果の両面において、身体的にも感情的にも熱中しやすい。この種の身体化された学習は、正確に記憶に残る。なぜならそれは、教育では当たり前とされているもの、つまり講義やその他の受動的な手段を通じた学習とは異なるもののように映るからである。

　このような経験の効力は次のようなシンプルな考えに由来している。学習者が眼前の物事に取り組まざるを得ない状況に身体的に巻き込まれることによって、その人の多面的な側面が引き出される。ゆえに、そのプロセスが本物に感じられ、その成果は有意義で自分だけのものになる。この学習方法論の知恵は決して新しいものではない。また、それを利用する根拠も然りである。古代中

国の格言では、師は（あるいは、弟子のための言葉かもしれないが）次のことを心に留めるよう諭している。「百聞は一見に如かず、百見は一考に如かず、百考は一行に如かず」。言い換えるならば、身体的な経験は、真に実用的で応用可能な学習にとって根源的なものである。

経験的な教育では、ふり返りの文脈の中にこのプロセスが共通して見られる。成人教育理論に照らしてみても、この方法によって、ボード、キーオ、ウォーカーの著作（Boud, Keogh, and Walker, 1985）の中で「思考と行動の慣習的な方法から解き放つ」（p.23）と書かれているような、学習者にとって根本的に重要なものが実現できる。旧いながらも直接的な道筋としては、デューイ（Dewey, 1938）が取り組んだ伝統的な教育方法の考え方から導かれる。それは彼の次のような問いによって示されている。「臨機応変に考えて行動する能力や判断する力が十分ではないからといって、繰り返すだけのドリル学習という手段で特別なスキルを獲得した生徒たちがどれほどいるのだろうか。また、自分たちが学んだ内容は学校の外の実社会から非常にかけ離れていて、それが後々の生活に一切役立たないということに、どれほどの生徒が気づいただろうか」（p.15）。どちらの問いも若者の教育に対するデューイの関心を示しているが、成人教育にも当てはめることができる。これが説得力を持つのは、おそらく、状況に合わせてすぐに応用できるような学びの得られる教育を、非常に多くの成人学習者が探し求めているからである。

経験的な学習：身体に学習をもたらす

身体化された経験は、理解を深めるための学習になるがゆえに、教育として成立する可能性を持っている。そのプロセスは、子供がスキルを得る方法、特に身体的な活動に関連するスキルを獲得するための活動の中に容易に見出すことができる。私は、自転車に乗れるようになったばかりの娘の父親として、娘が道に出て補助輪なしで自転車に乗る練習をするたびに、乗り方を習得するための学習の身体的・精神的側面が浮き彫りになるのを見てきた。娘の学習における身体化された側面は、ペダルを踏むたびに自転車のバランスを保とうとして試行錯誤しながら身体を動かす様子に顕れている。それは一見すると単純な

作業だが、身体化された側面に伴ってすぐに、自転車に乗るというスキルを学習する心理的な側面が作用し始める。

　私が娘を補助する中で、次のようなことが明らかになってきた。私が望む全てを娘に伝えたり、実際にやってみせたり、教えたりできたとしても、現実には、彼女の中に自転車に乗ることへのある種の心地良さが形成されない限り、このスキルの習得は難しいのである。結局のところ自転車に乗るというのは、少なくとも一部には、自信を持てるかどうかの問題である。ペダルをこぐ、ブレーキをかける、バランスをとる、予測をするといった、自転車を乗りこなすために必要とされる行為は確かに身体的なものであるが、それが成功するかどうかは、それを行っている者の心の持ち様に依存する。よって、何事をするにも慎重な私の娘は、未だ本当の意味で自転車を乗りこなすことに成功していない。なぜなら、自転車に乗る際に必要な動作の中で、彼女の恐怖心と不安が顔を覗かせるからである。

経験的な教育と身体化された経験の拡張

　自転車を乗りこなすための学習プロセスが身体化されているのと同様に、たとえ私の娘がそう理解していなかったとしても、身体と精神の間には確かに関連性が存在する。彼女が精神的に自信を持ち、肩の力を抜いて身体的にリラックスできている時にうまくいくということに気づくまでに、さほど時間はかからない。その理由は簡単である。身体が緊張している時に自転車のバランスを保つことは難しく、当然ながら、精神が恐怖に囚われている時に身体の緊張をほぐすことも困難だからだ。彼女の恐怖心は、自転車で道を走って転ぶと怪我をするという認識から生まれている。この恐怖心は、彼女が心の中でしようとすることと身体的にすべきことの間にある内面的な葛藤を深刻なものにしてしまう。そこで、自分自身を精神的にも身体的にもリラックスさせなければならない。

　経験的な教育として知られている教育的方法論を可能にするのは、身体性と精神性の二元論である。両者は、私たちが何かに挑戦しようとすると相互に衝突する。身体性と精神性の間の衝突をうまく利用することによって、自尊心

を高めたり、対人関係能力を向上させたり、リーダーシップの力を伸ばしたりと、広く学習成果を十全なものにできると信じられている。一方で学習者は、この仕組みによって、自分の経験から純粋に身体的なもの以上の何かを引き出し、異なる状況でも適応可能な学習のもっと優美な一面へと引き込むのに役立つ方法を知ることもできる。身体化された経験は、経験的な教育における学習プロセスの土台となると同時に、学習者が身体的に関わるのみならず、主として精神的・社会的な挑戦を受ける状況を生み出すためにも利用され続けている。それゆえに、これらの挑戦が達成され、ふり返りがなされ、利用されることが、将来の行動のための基礎となり得る。

現代における経験的な教育とは

　プリーストとギャスの研究（Priest and Gass, 1997）では、次のように述べられている。経験的な教育の下位カテゴリーである冒険教育には、学習者が固有の身体的・社会的環境の中に身を置き、解決すべき一連の課題を与えられるプロセスがある。その課題は適応的な不調和状態を生み出すが、学習者の経験が持つ意味や方向性は、熟達に伴って再組織化され、学習者は次第にそれに適応するようになる。

　経験不足の個人が、初めて顔を合わせるようなメンバーたちとのグループ活動で山に登る（珍しい社会環境を提供する状況で）、希少な身体的経験について考えてみよう。この経験は、探検のプロセスの一部として行われる。その探検には、最中や事後にふり返りを行い、それによって個人の経験が持つ意味や方向性を再組織化するプロセスも含まれている。冒険教育を形作る全ての要素が、このシナリオに適ってきた。異質なはずのこれらの諸要素が、どのようにして共存しているのだろうか。この問いの答えは、経験的な教育の歴史の中にある。

経験的な教育の確立とクルト・ハーン

　クルト・ハーン（Kurt Hahn）は、ドイツの教育者であり、1930年代から

第5章　野外での経験的な教育：身体化された学習

1940年代にかけて行った独特な教育アプローチで有名となった。彼は反ナチスの態度を鮮明にしたことで投獄された後、イギリスに亡命した。リチャーズ（Richards, 1999）によれば、ハーンは、若年期の個人的態度（そして社会）において減少している領域、つまり、適応力、自発性、創造性、技能、自制力、思いやりなどの減少に対して取り組むべきだと考えていた。これらの課題に取り組むために、ハーンは、生徒たちに一連の身体的経験を導入した。その目的やプロセスは「動機付け」を強化するための彼のアプローチによって示されている。ハーンは、生徒たちに冒険的な経験をさせるため、登山遠征を実施した。あるスピーチの中で、ハーンは登山遠征の目的を次のように説明している。「（遠征は、）自分自身に対しても、他人に対しても、人の内面的な価値や、我慢の限界、才能の本質、抵抗の質、弁解に隠された真実などを表出させる」（Richards, 1999, p.67より引用）。この引用の中でおそらく最も特筆すべきなのは、遠征が身体的な困難を意図して与えるものであるという事実に反して、ここではその経験の身体的な側面について一切言及されていない点である。代わりに、ハーンの注意は、感情的、社会的、そして心理的な側面に向けられていた。

　心理的な成長を目指して身体的に困難な経験を活用するこのようなプロセスは、第二次世界大戦の初期、ハーンが若い船員たちのトレーニング法を開発する試みに参加した後に、より特別な目的の下で採用されるようになった。のちにマイナー（Miner, 1999）によって明かされたように、商船会社のオーナーが、船員たちの抱える問題を解決する方法を見つけるようハーンに依頼したのだった。かつてドイツ軍の魚雷攻撃から生き延びた若い船員たちにとっては、救命艇に乗っている時間こそが、死に向かっていく試練の時間だった。しかしそれは、身体的な負傷が原因ではなかった。理論的に言えば、船員たちが死に瀕していたのは、救命艇に乗って海に投げ出された時点で、非常に厳しい状況を乗り越えた経験が欠けていたせいだと考えられた。一方で本質的には、若い船員たちが、抗し難い状況を単に直視しなかっただけだと思われた。（当時使われていたエンジン船とは異なり）帆船に乗った経験のある年長の船員たちは、このような経験に抗う非常に秀逸な能力を持っていた。なぜなら彼らは、風向きや天候を感覚的に理解しており、自らの手腕を信じ、そして仲間の船員たちと私利を超えた関係で結束していたからだ。そのため、ハーンは、小型船経

75

験、運動競技、救助訓練、海陸探検、そして奉仕活動を組み合わせた、若い船員向けの1ヶ月に渡る訓練内容を考え出した。これらの要素を組み合わせることによって、ハーンは、身体的な経験を通じた教育として今日用いられ続けている定型を実際に発展させてきた。

経験的な教育における現在の実践

　身体的な経験を活用して心理的な結果に影響を及ぼす基礎がハーンによって生み出されたが、しかし現在の経験的な教育における実践には、さらに別の共通要素も含まれている。時系列で見た場合の経験的な教育実践のモデルについて、プリーストとギャス（Priest and Gass, 1999）が実践の6世代を示した。1900年代の初頭に行われたような組織化された自然経験を提供するプログラムは「第一世代」と名付けられた。それは、経験の意義を概ね自明のものと捉えることによって、経験を主に身体的な領域に留めておくプロセスを辿ってきた。プリーストとギャス（Priest and Gass, 1999）は、そこでの参加者について次のように記している。「彼らは、楽しい時間を過ごし、可能であれば新しいスキルを上達させるだろう。しかし自分自身については、自分たちが他人とどのように関わっているのか、あるいは自分の人生の中で直面する諸問題をどのように解決すべきかについて、ほとんど学んでいない場合が多い」（p.216）。

　それに対して、おそらく今日最も広範に実践されているのは第三世代のファシリテーションである。ここでは、身体的な経験を学習プロセスの鍵として捉えながらも、経験全体における核心的な部分として、ふり返りを活用している。この要素に加えて、学習者のための環境が生まれている。ここでは、個人とグループの行動に焦点を当てるよう強調される。よって、経験そのものは、それ自体が自明の目的ではなくなっている。実際、経験をしている間に取り入れられるふり返りには、個人やグループとしての挑戦にどのように応えたのか、どのように成し遂げ、どこでうまくいかなかったのか、どのように失敗に対処したのか、将来の挑戦に向けてどのように成功と失敗を活かしていくつもりなのか、といった点を、参加者に再検討させようとする議論を含んでいる。経験的な教育を成人学習者に対して活用する価値は、ふり返りを用いたプログ

ラムの中で最も明確に見出される。それは、この学習方法論が、学習環境そのものの外側にあって成人学習者が最も力を発揮しやすい領域、例えば、職場、地域社会、家族の中に教育を導入する手段を提供するからである。コルブとルイス（Kolb and Lewis, 1986）は次のように記した。「経験的な学習は、抽象的な概念の意味付けに対するふり返りを促す。それは、これらの概念が経験を通して焦点化され、一つのアイディアに関わる行為を通じた個人の行動を鼓舞し、それによって、そのアイディアを選び、十分に実用化するための知識を獲得する責任を引き受けるからである」（p.100）。このように、成人学習者は、既に経験した（学習した）事柄を他の状況に転移する機会を得る。これは間違いなく大半の学習者にとっての目標であるが、特に成人にとっては重要な学習の側面である。

経験的な教育の具体的実践

　ハーンが独自の船員研修プログラムを開発して以降の経験的な教育については、具体的実践を、全てリスト化するのはほぼ不可能である。大学ではこれを、学生たちに経験の共有を提供するための新入生オリエンテーション・プログラムの一部として活用している。セラピーに携わる実践家は、何かに熱中させるための手段として利用している。この経験が、漸進的な変化をもたらす条件を創り出すのである。中学や高校では、生徒たちに協働して取り組ませる理由を提供し、いじめを抑止する方法として活用している。ビジネスでは、効果的なチームワークを通して事業運営をより効率化し利益を上げるため、社員を鼓舞する手段としてこれを用いている。

　このように多様であるにもかかわらず、これら多くの実践が実際に行われる様子は驚くほど類似している。その身体的な経験が何週間にも及ぶ遠征であっても、1日だけのチームビルディングや高ロープスコースの経験であったとしてもだ。それぞれの状況において参加者は、徐々に困難になる挑戦を克服していくような環境を与えられ、それに取り組むための道具を与えられる。荒野を旅する間は、どのようにバックパックをし、テントを張り、キャンプ用コンロで調理し、道に迷わないよう地図と方位磁石を使うかを学習するだろう。

チームビルディング・プログラムの間は、グループとして徐々に複雑になる課題（問題解決型の任務）を与えられ、それを解決していくだろう。それぞれの任務の間、参加者は身体的にも精神的にも挑戦を迫られ、多くの場合に、精神的・社会的な困難を感じるに違いない。それを首尾よく乗り越えれば、この挑戦は障害を克服し、個人とグループによる自己発見の可能性を拓くきっかけとなる。

例えば、私がチームビルディング・プログラムを提供する組織で働いていた時のことだ。この本の編者は、顧客として、複数年に及ぶプログラムの初期に、彼女が教えている同世代の院生たちを私のプログラムに連れてきた（このチームビルディングという用語は、人々に多様な意味付けを与える傾向がある。私たちは、グループの本当の目標を発見することを出発点としてプログラムを利用している。それはしばしば、グループのメンバーの間の結束力を高め、同時に対人コミュニケーション能力、問題解決力、意思決定力、目標設定力、その他にも同様のグループの特性を向上させる）。一日の経験として、様々な人種・民俗・個人的な背景・身体能力の中年世代が一緒のグループとなり、グループで話し合いながら判断していく高ロープスコース経験（地上から35フィートの高さのロープを渡っていく一連の横断エレメント）を行った。彼女がグループに設定した目標は、院生たちがお互いを知り、他者と結び付き、グループ内での自らの役割を見出す機会を生み出すことである。そして同時に、自分たちが突きつけられている（学術的かつ個人的で、学校・家族・仕事の全てに関わる）差し迫った課題について議論する機会を創り出すことである。

どんなグループにも、たいていは参加をためらうメンバーがいる。これらのためらいは、愚かに見られたくないという願望や身体的な能力への不安、そして未知の状況に身を置くことへの躊躇から来ているように思われる。これらの不安を克服するために、私たちは注意深く活動を選び、それらを提示し、ふり返りを行う。その際、参加者たちには、自らに選択権があるのだと安心してもらうようにする。これが、成人教育プログラムを成功させる重要な要素である。個人やグループの中で自信が構築されていくにつれ、私たちは、（身体的、社会的、感情的に）挑戦のレベルを徐々に上げ、グループ全体のために一人ひとりが他人を助ける必要性を強調した。よく考えてみると、このようにし

第5章　野外での経験的な教育：身体化された学習

て共有された経験は、このグループの院生たちが取り組んでいるアカデミックな道のりにも類似したものだった。

　例えば、ヘリウム・フープと呼ばれるアクティビティについて考えてみよう。ヘリウム・フープとは、グループのそれぞれのメンバーが、1本の指だけでフラフープを支えながら、誰も指を離すことなく、地面から一定の高さまで上げようとするものである。これは簡単なように見えるが、実際には非常に難しい挑戦である。一見すると、これは実際に学位を取得するのには全く関連がないように思われる。しかし後々ふり返ってみると、参加者は、次のように記している。「このアクティビティは難しいので嫌だったが、それぞれの人がグループの中で担うべき自然な役割がわかったので、最後には非常に良い学習の経験を得られたことに気がついた」と。ストレスのかかる間、グループのメンバー各々は、最も心地良い自然な役割の中に落ち着いていった。その後、アカデミック・クラスの時間中にも、自然のままに成長するようにしておくと、クラスメイトの真の姿を発見するプロセスは、このアクティビティの25分間よりも長く続くようになる。グループのメンバー同士が本当にお互いを知ろうとしたのであれば、これは小さいながらも重要なステップになっただろう。

　このグループは、高ロープスコースにも参加した。これは時に、とても有意義な挑戦となる。彼らには、35フィートの高さまで登り、それからロープと金属製ケーブルの外に造られたエレメントを伝い、ジップラインを通ってコースを出るように課した。ジップラインとは、地上高く設置された高ロープスコースのポイントから地面近くを結んでいる金属製ケーブルと、人のハーネスとつながった滑車が組み合わさったものである。そこでは、地表高くにいるという恐怖と共に、身体能力への不安や、同僚の前で馬鹿みたいに見られないかという心配などが表面化する。グループのメンバーにこのロープスコースを上ったり渡ったりするよう挑戦させる目的、つまり、多様な方法で苦難に臨む感覚を引き出す目的は、まさに、このような不安に立ち向かわせるためである。それゆえに、成功経験は様々なレベルでの成果をもたらし、偽りのない気持ちを感じさせる。それは、参加者が困難に挑戦することを選択し、身体的・精神的な障壁を乗り越えてそれを成し遂げたからである。

　最初にこのグループのメンバーたちが直面した挑戦は、ロープスコースに取

79

り組むことで成し遂げられた。グループ内で相互に感情的な支援をし合うプロセスを通して、最初にグループのメンバー同士を結び付けていた絆が強化された。しかしその一方で、このロープスコースによって、より個人的な挑戦に直面することとなった。それゆえに、参加者にとっては、まさに身体的にも精神的にも現実味のある挑戦だった。この挑戦により、教室との表面的なつながりに留まらず、他者を支援しようとする努力が引き出された。これによって、実際、教室内でのグループの成功に必要な環境が再び創り出されたのである。それは例えば、挑戦を厭わず、同世代のメンバー間での共感を持ち、積極的に他人を助け、個人的な達成感を得ることである。困難なことではあるが、結局は、甚大な恐怖に遭遇し、その不安に立ち向かい、自らの現状に満足せず、それを乗り越える経験をしたり、あるいはそのような他者を見守ったりするような、共有された経験の一部となる。

　このグループでも、ジップラインの始めのプラットフォームに立った時にはただただ不安に駆られているだけだった人たちがいた。このコースに参加した大半のグループにおいても同様である。これは、一度ジップラインのエレメントに乗った参加者によく見られる成就の兆候でもある。彼らは、プラットホームから最後の一歩を踏み出して、空中に身を委ねる責任を独りで負うことになる。このコースにおける私たちの基本的な役割は、参加者がプラットホームから一歩を踏み出すのを決して「助けない」ことである。つまり、ジップラインのプラットホームから踏み出すように背中を押したり、そのように指示したりすることは決してしない。多くの人がこのような力添えを要望したり、参加者を動かすための唯一の方法であると主張することさえもあるが、そうしてしまうと、経験の重要な側面を削ぎ落としてしまう恐れがある。つまり、参加者が十分に自分の行動に責任を持ち、自分自身の力で達成できる状況を創出することこそが重要なのである。これは、議論し、冷静になって再確認し、そして十分な支援がなされる状況を要するため、ジップラインのプラットホームでの待ち時間が日常的に長くなることを意味する。しかし、これによって、最終的な結果は全てより良いものになる。

　しかし、参加者にとってこれほど現実的で力強い身体化された経験が、もし、議論もふり返りもないままに単になされるだけで単発的に生じるとすれ

ば、学生同士の関係性が一瞬で良くなったような甘い記憶の時間にはなるだろうが、それ以上のものは残らないだろう。ボード、キーオー、ウォーカー（Boud, Keogh, and Walker, 1985）が記したように、「もし私たちが休みなく次々に新しい出来事にさらされるとしたら、不幸にも、ほとんどの出来事をバラバラなものにしてしまいかねない」（p.26）。

経験的な教育からの省察的学習

　第三世代のプログラムでは、身体化された経験からの学びを増やすために、ふり返りの手法を利用する。このような手法の簡単な例を示すとすれば、それは、「何をしたのか？（What?）」「それでどうなったのか？（So what?）」「これからどうするのか？（Now what?）」という3つの問いかけによって構成される。これら3つの問いかけは、グループの行き詰まりを打開したり、グループのメンバーがそれぞれの経験について議論するのを引き出したりする。これによって、ボード、キーオー、ウォーカー（Boud, Keogh, and Walker, 1985）が「経験への回帰、感情への配慮、経験の再評価という、ふり返りの諸段階」（p.26）と言及した状態ができあがる。

　「何をしたのか？」という問いでは、グループに、限られた時間や経験の間に生じた全ての出来事、つまり、取った行動、グループの計画やその欠如、目標設定、そしてグループでのコミュニケーションなどをリスト化するように促す。次の「それでどうなったのか？」という問いでは、それらの答えを再構成し、グループのメンバーに、個人として、あるいはグループとしての行動の検証を促す。この問いに答えることによって、メンバー同士の（支援的、論争的、対立的）相互行為とでも呼ぶべき、自分たちの行動の一面を明らかにすることができる。これは、グループのメンバーが相手に対して抱く感情や、あるいはそれ以外にもグループ内部で生じる社会的、感情的、知的な側面を露呈させる点で教育的な可能性を持っている。この問いかけを通して、グループのメンバーは自分たちがグループ内でどのような役割を担っているかを自覚することができる。

　最後に、「これからどうするのか？」という問いかけがなされ、グループの

メンバーたちは、これまで積み重ねてきた洞察を応用するようになる。この事は、現在直面している、もしくは将来に直面するだろう困難を、行動計画を作成しながら乗り越えていくことにつながっていく。例えば、グループが問題解決戦略に対し何度も繰り返し同じ解決方法を試して失敗してきたとすれば、これがなぜ起きているのかを究明し、この障壁を乗り越え成功に導くための計画を練り始めるべきであろう。目下、グループのメンバーたちは、自分たちの行動や相互行為が日常生活の他の側面にどのように転移できるかに目を向け始めている。

最終的には、これらの問いに答えることによって、グループのメンバーたちが個人やグループの行動と振る舞いへの素晴らしい洞察力を獲得する。広範囲に及ぶ個人的・社会的な理解は、一見すると日常生活には無関係に見える活動を含む身体的な経験に由来している可能性がある。クルト・ハーンは、若い船員たちに一つの経験を提供することによって、救助されるまでの時間を十分に生き抜くための不屈の精神を与えようとした。その経験は、単に海に関わる (of the sea) 経験ではなく、海を通した (through the sea) 経験であり (Miner, 1999)、それゆえに、甚大な精神的苦痛を乗り越えるための能力を培うためにも十分に汎用的であった。このように、直接的な経験を通して学んだ教訓は、経験の定義それ自体の意味を優に超えた生活の領域に対しても転移可能なのである。

◆参考文献

Boud, D., Keogh, R., and Walker, D. *Reflection: Turning Experience into Learning.* New York: Nichols Publishing, 1985.

Dewey, J. *Experience and Education.* New York: Macmillan, 1938.〈邦訳〉市村尚久訳『経験と教育』講談社, 2004。

Kolb, D., and Lewis, L. *Experiential and Simulation Techniques for Teaching Adults.* New Directions for Continuing Education, no.30. San Francisco: Jossey-Bass, 1986.

Miner, J. "The Creation of Outward Bound." In John C. Miles and Simon Priest (eds.), *Adventure Programming.* State College, Pa.: Venture Publishing, 1999.

Priest, S., and Gass, M. *Effective Leadership in Adventure Programming.* Champaign, Ill.: Human Kinetics, 1997.

Priest, S., and Gass, M. "Six Generations of Facilitation Skills." In John C. Miles and Simon

Priest (eds.), *Adventure Programming*. State College, Pa.: Venture Publishing, 1999.
Richards, A. "Kurt Hahn." In John C. Miles and Simon Priest (eds.), *Adventure Programming*. State College, Pa.: Venture Publishing, 1999.

＊エリック・ハウデンは、ウィスコンシン州のミルウォーキーにあるグローバル青少年指導者協会（Global Youth Leadership Institute）の運営部長である。

第6章

認識の方法としてのダンス

セレステ・スノーバー
（サイモンフレーザー大学准教授）

金藤ふゆ子 訳

§ 要　旨

本章は、身体化された理解、探求、認識の一方法としてのダンスを明らかにし、最終的に人が地に足をつけて考えることや、自分の思考に踏み込むとは何を意味するかを解明する。

生得的権利としてのダンス

　ダンスは人間にとって生得的権利である。動作とは、人間として生きるという生地に織り込まれており、最も初期のダンスは子宮内で始まる。生命の始まりのサインが、子宮内の子供の動きや蹴りの動作にあることを否定し得る者はいないであろう。人間はその後、手のひらをいっぱいに伸ばしたり、胸を広げたり、伸びたり縮んだり、跳ねたり転んだり、握りこぶしを固く握ったり、腰を振る生き物となる。私たちは子供の頃、筆者が身体のサインと呼ぶ、いわゆる、自分自身のダンスを持っている。手足を動かすことで生じる風の動きの中で喜びは生まれる。またウキウキした気分は、飛び跳ねたり、ジャンプしたり、海辺で踊ったり、あるいは単に通りをスキップする時に感じられる。自由な歓喜は、身体に現れる。私たちは習慣を学ぶまで、学校での学習を「集中する」ことと関連付けて捉えてきた。この「集中する」とは、物事に深く関わる

第6章　認識の方法としてのダンス

というよりも、むしろじっと座っているということと同義であった。
　例えば、私の息子がキッチンにクルクル回りながら入ってくる時、私は息子があたかも回りながら聴くことは不可能であるかの如く「お聴きなさい」と言う。すると息子は私に鋭く「多分、ママはもういくつかのことを一緒にはできないと思うけど、僕にはできるんだよ」と言うであろう。息子はたとえ動きの中にあっても、穏やかな精神状態を保てる。私はそれを舞踊家や歩く人、水泳をする人と同じだと感じている。動きの中にあって、心は確かに聞き取るために十分に落ち着いているのであり、その聞き取りは力強い宣言に対してであろうと、静かなささやきに対してであろうと同様である。すなわち個は内なるものにあり、ささやきは外にある。
　本章は、認識の方法としてダンスを捉えることに読者を招くものである。本章では、ダンスをこれまで考えられてきた以上に、フォーマルな方法を含むと見なすだけでなく、創造的動作、即興、表現性を特徴とする動作の諸方法を含むものとして広義に捉える。このことは、中等後教育の場では特に重要である。中等後教育の場では、多様な経験を経た学生たちが多種多様な背景を持つためである。人は1クラスや、1セメスターのみを履修することで、ダンスの豊かな形式の全てを学んだり、指導技術を磨くことはできない。ダンスとは、生涯を通じた稽古であり芸術である。またそれは、ある特定の原理に熟達できるようになる筋肉的・身体的諸要件を意味するものではない。運動感覚の認識は、人間であることの中核にある。またダンスの始まりは、身振り言葉の多様な表現の中に見出すことができる。人は口先で嘘をつくことはできても、身体に嘘をつくことはできない。身体とは深意なる認識の場である。現代舞踊のパイオニアであるマーサ・グレアムが、かつて見事に語ったように「動作は決して嘘をつかない。動作はそれがわかる全ての人に対し、魂の空模様を示すバロメータとなる」（Graham, 1991, p.4）。

身体化された認識

　多くの議論が身体化された学習や、心と身体の結合の重要性、身体学習の重要性について繰り返しなされてきた（Bresler, 2004; Cancienne, 2008; Cancienne and Megibow, 2001; Richmond and Snowber, 2009)。私は芸術教育や、精神的神学、詩学を含む様々な学問領域に基づきながらこの仕事に着手してきた。ダンス教育における私の最も重要な研究は、カリキュラム理論 (Blumenfeld-Jones, 1995; Malewski, 2009; Pinar, 1994) や、相互作用の実践 (Winton-Henry and Porter, 1997, 2004) に理論的基礎を置く。また身体化された祈りとして (Snowber, 2004) のダンスに、私のバックグラウンドがある。

　本章ではいかにダンスが探求の場となり、より深い理解のための生成可能性を秘めるものか、その重要性についての注意を喚起したい。私は過去何十年もの間、諸問題を尋ねる方法として、ダンスを拡張する実践に学生と共に取り組んできた。私たちはいろいろな問いを舞い、またその問いを記述し、手足や胴体からページの中にある言葉の息づかいを見つけるまで試行錯誤を繰り返した。五感に訴える知識は、旅にとって必要となる私たちの地図である。私たちは知っていることはわかるが、知らないことにこそ関心がある。いかにして私たちは驚いたり、急に生き生きとした洞察や素晴らしい認識に至ることができるのだろうか。西欧文化における知識のパラダイムは、まず知識の蓄積としての教育にあった。本書は、身体化された知識に焦点を置いている。そして私は身体化された認識が、人間という有機的統一体の健康にとって絶対的に回復する必要のある認識だと提案したい。

　認識の方法としてのダンスとは、ステップを含みながらも「ステップを超えた」型としての舞踊を探求する。このステップは右や左、前や後ろ、舞台中央といったステップではない。それは身体、精神、心、魂、想像的思考につなげる力を持つ直感的言語を回復するステップである。私はこれまでずっと、学部教育や大学院教育の中で、自分たちの身体知にアクセスする方法として、多様な教育プログラムの中でダンスや動きを導入する取り組みを行ってきた。指導は芸術教育、健康教育、環境教育の教員研修生や大学院生を対象としている。私の主な関心は、身体と記述を結び付ける方法を見出すことにある。身体の中では言葉が舞い、そして私たちは自分の言葉を舞うことができる。また最終的に身体は解放されて、身体を通して理論付けの方法に道を開く。身体的に知識を結び付けることは、私たちの中に自由なGPSシステムを持つようなものだと言えよう。つまり、私たちはいつでもガイドを頼めるし、

またダンスは私たちの存在全てに耳を傾けるための障壁を壊し開くのである（Snowber, 2011）。換言すれば、私たちはこの世界の中で人間であることが何を意味するのかをより深く理解するためには、身体全体を必要とするということである。

生きられた身体とダンス

多くの型においてダンスは、身体に制約されないことが何を意味するのかを考えさせ、また動きを通して考えさせる力を有する。マキシン・シーツ-ジョンストン（Sheets-Johnstone, 1999）は、現象学と動作性に関する著作でよく知られる人物であるが、彼は「動作の中での思考は、人体であることの基礎」だとする（p.494）。ダンスは、地に足をつけて考え、自分の思考に踏み込む機会を提供する。私は、長年教育者である学生と共に仕事をしてきた。そしてパーカー・パーマー（Palmer, 1998）が述べるように「自分が何者であるかを教える」（p.2）のだが、私たちの一部は身体化された人間であることを学生に繰り返し述べてきた。教師である私たちが教室を横切るだけで、先生がその授業に関して自信を持っているのか否かを学生は見抜く。教師は身体を通して、あるいは身体と共に教授する。私はそれを身体教育学（Snowber, 2005）と呼び、学生たちにとって自分の身体と友だちになるための方法として動作を結び付ける。私たちは身体を有しているのではない。私たちそのものが、**身体なのである**。しかし、人は西欧文明の中でだけ生きることもできない。またいかにして身体を通して知覚するかよりも、外見を強調する文化的構造の影響を受けずにもいられない存在である。身体知が人間という種において、危険にさらされていることは明らかであり、私たちはしばしば自分たちの身体の中で身体知を遠ざけてきた。重要視されてきたものは、より現象学的用語で言えば「生きられた身体」ともいうべきものとは対極にあると言える、身体の外側に置かれてきたのである。生きられた身体とは、私たちの周りにある、あるいは内なる複合的な感性に関係付ける場としての、感じる身体である。肌に風を感じること、コンピュータを指でタイプすること、腰の痛み、水泳の楽しみ、腹部の痛みなど、それらは全て生きられた身体に結び付く。まるで西欧文化は、人間が腰を

持っていることを忘れているかのようだと感じるとしても、私たちは実際には回転したりねじれたり、伸びたり縮んだり、ジェスチャーやポーズをとる生き物である。私は、学生に骨盤の診断を学ばなければならない唯一のクラスにいるのだと述べている。また、その診断のためには自分たちの腰やお腹をほぐすこと、さらには他の多くの文化がそうであるように、身体世界を禁じる知識が存在することを知らなければならないクラスにいると言う。私たちは、子宮や骨盤から生まれてきたものであり、そこに戻らなければならない存在である。このことは知識が単に告げられたり、それを読みさえすれば得られるものではなく、経験しなければならないことを意味する。そして経験においては、学習と同じくらいに単になすことでは学べないこともある。

ダンスの遊び——遊びのダンス

ダンスや回転をすることは児童期には非常に自然なものだが、成人期にはしばしば喪失してしまうものでもある。私はよく学部の動作教育学を学ぶ学生たちに、最初の課題として遊び場にいる子供たちを観察し、自分たちも身体を振ってみるように指導する。なぜならそうした動きは、学生たちの身体の奥深くに生きているからだ。遊び場での遊びの動きは、身体の記憶を呼び覚ますことができる。遊びの動きとは、跳ねたり、スキップしたり、投げたり、身体を振ったり、ぶら下がったり、足を踏み鳴らすといった日々の遊び場でのジェスチャーを感じることを意味する。学生たちには動作経験を内省し、書くように指導している。遊び、危険性、創造性や即興の構成要素は、動きの言葉と心の言葉の双方を引き出すためである (Snowber, 1997)。

動作とは、愛から恐れや喜びや諦めに至る深い感情を引き起こしながら、根源から身体的・情緒的に私たち自身を動かす力を有している。学生と共に研究において私がまとめるダンスの中心的な特徴は、遊びの行為にある。ダンスとは、想像の筋力となり、新たな世界を作り出す創造的過程を通じて魔法のような誘因となる力を有している。このことは人生において、あらゆる新たなことの始まりにとって必要とされる想像力と全く同じである。例えば、導かれる方向が違っていたり、個人の意識決定や、がんの治療、新しいアイディアの骨格

を確立する方法などにおいてである。演劇の芸術とは、それが動くこと、感情の場にアクセスすること、あるいはひらめきの新たな方法であるか否か、私たちを自分たちの生活の中に潜んでいるものに結び付ける。ダンスの創造性は、原初的な想像力を有する私たち内部の場に接近する。ダンスの中で統合された演劇は、身体の自己認識の抑制を喪失してしまった場に私たちを再び連れ戻したり、身体を自分自身で思い起こす（re-member）力を有している（Snowber, 2007）。演劇は、ダンス創作に近づく勇気を与える。またダンス創作は嘆きや悲しみを含んでおり、また美と喪失の逆説として、世界のあらゆる人々の経験を常に尊重する。

ダンスとリテラシー

　何を教えるかが問題なのではない。ひとたびカリキュラムが身体化されるならば、概念、アイディア、あるいは思考の新たな方法を私たちはより深く理解するようになる。ダンスと身体化された脳の関係を結び付けたり、脳機能の重要性と動きとを関連付ける研究が続けられている（Mason, 2009）。ダンスは、カリキュラムのあらゆる面に組み込むことが可能であり、また既に幼稚園から高校３年までのカリキュラムのあらゆる面に関連付けられている（Hanna, 2008）。ダンスは、世の中で成人になるとは何を意味するのか、精神、身体、魂で学ぶとは何を意味するのかを再発見する際に必要となる。私たちは自分の物語を舞うことができるし、シェイクスピアやネルーダのニュアンスを理解し、そうしたストーリーやニュアンスを身体の中に解き放つ時に文化的に構成されるものを細かく知ることもできる。成人学習者に関する私の経験によれば、成人は自分の持つアイディアを身体に関連付ける機会を持つならば、新たな理解の方法に至る能力を有していると言える。動きの表現性は、肉体を有するというイメージを与え、最終的には発達のための新たな知覚を可能とする。動きやダンスは、単にアイディアを解説する方法ではなく、複雑さを兼ね備えてより深く理解する手法である。その複雑さとは、生徒たちが批判的に考察し、精査し、理解することができ、最終的にはいかなる科目を学んでいようとも、生き生きとした理解に至ることができるといったことである。ダンスは、

私たちを全存在をかけて考えることに招いてくれる。またダンスは、生物学と身体、経済学と直感的思考、人文地理学と身体性、心理学と直感的認知を結び付ける一手法として、先導的役割を担っている。

探究の方法としてのダンス

　私たちは現在知っていることを、どのようにして知ったのだろうか。ライラックの香りが子供時代を思い出させたり、ブランコの前後の揺らぎが心地良さを生み出すといった感覚が頻繁に生じる時、なぜ心のみが知識を発見したり解釈できると考えるのだろうか。私たちは身体化された人間であり、生まれながらに踊り、動くように形作られた存在である。ダンスは、運動感覚的知性を超えた多種多様な知識に関係しており、視覚的、感覚的、精神的、認知的、感情的知性を含んでいる。さらに理解や知覚の幅広い方法に対するダンス、振り付け、即興の意義は、多年にわたるダンス教育研究者の諸研究によって明らかにされてきた（Fraleigh, 2004; Hanna, 1987, 2008; Shapiro, 1999; Stinson, 1995）。

　身体を通じていろいろな問題を問う時、問いはどのように変化するのだろうか。ある一つの問いにダンスを通じて接近する時、私は様々な言葉や思考を想起し、心を拘束していた仕掛けを取り除く。いかにして身体は、生態学的空間で生じる事象に関連しているのだろうか。どのようにしてダンスは、地球温暖化や地球上で生じている事柄を明らかにすることができるのだろうか。生活のカリキュラムは、理論が実践で輝くものとなる機会を有する場として構成されるキャンバスとなる力を有している。このキャンバスに近づくことは、ダンスの言葉が経験や認知の根幹に触れることのできる際にその可能性が一層高まる。身体は急激な腹痛であれ、肘のストレッチであれ、突然の陣痛であれ、私たちに語りかける絶え間ないデータを有している。身体のデータは、今この一瞬、現在という時に生じている情報であり、自分の身体を通して情報を経験する方法である（Winton-Henry and Porter, 1997）。振り付け師や俳優にとって創造的過程とは、問いかけをしたり精査したり、形作ったり壊したり、作ったり作りなおしたりするものであり、常に発見の場であることを長きにわたり理解してきた（Cancienne, 2008; Cancienne and Snowber, 2003）。私たちは自分たち

第6章　認識の方法としてのダンス

の問いを踊ることにより、様々な問いの裏側にある問いを見出すことができるのであり、また身体知に深く耳を傾けられる。ダンスを発見の場として拡張したパイオニアであるアンナ・ハルプリン（Halprin, 2000）が、長年にわたり形作ってきたように、ダンスは私たちの情緒的でスピリチュアルな知性を呼び覚ます。踊り手は動作の勢いに従い、心の言葉のニュアンスに気づき、古代の認識方法を私たちに思い起こさせる。まだ知らないということは、舞踏術の過程を掘り起こす肥沃な土壌があることを意味し、かつ成長の場に全身全霊を開くものである。知識はダンサーに平衡と非平衡、厳粛さと陽気さ、伸びたり縮んだりの双方を探索する力を通して、身体の洞察に独特の方法をもたらす。ダンスや即興における構成原理は、いかにその人が自分自身や人を取り巻く世界を理解しているかに関連している。

　私が語るこの創造過程の中心は即興の芸術であり、あらゆる創造性にとって必要不可欠な構成要素である。成人学習者と共に私が取り組んだ動作や執筆の実践は、問いを単に踊るというばかりではなく、ダンスの経験を書き出す場を開くものである。ダンスは私たちの呼吸を開き、身体に根ざす言葉を導き出す。汗をかいた後で書くならば、私たちの言葉はかつて知らなかった認識を明らかにする。私は、学生たちにダンスの後で「私の身体は、〜を知っている」といった短文を書くように指導している。そうした試行から湧きあがる宝石の数々は驚くべきものがあり、いかに身体の英知がそれぞれの学生の身体に宿っているかが明らかとなる。

　私たちの生活は、生き生きとした経験の豊かなパレット上で知識を得て、形作られ、形を変えるという意味で、進行中のダンスである。ダンスとは、身体化されたインスピレーションへの招待であり、生涯にわたる神秘さや魔法に満ちた認識への入口である。これまで以上に、私たちは世界の中で人間として新しい方法で生きなければならず、それを踊り、また新たな方法に注意深くあらねばならないことが問題となる。ダンスを通して知っていることや知らないことに入り込むことで、新たな言葉に息吹を吹き込むことができる。

身体知　成人教育における身体化された学習

The Body Knows	**身体(からだ)は知っている**
Dance is a way to break	ダンスとは
spill, turn, twist and extend	瑞瑞しいがあらけずりの細胞の知を
the knowing of the cells	壊し、流し、回り、ひねり、広げる
juicy and jagged	方法である
an ancient space	
where the feet think	昔々人間は
and the belly listens	足で考え
the sternum proclaims and	お腹が胸骨の声や腎臓の嘆きを
the kidneys lament	聞いていた
The body longs to be present	身体はあるがままに存在することを
and be with presence	望み
let out of the classrooms, offices and homes	教室、職場、家から解放されることを望む
and dance its way back to wonder	身体はあれこれ思いを巡らして踊り
take each form as multiple celebrations	複合的な儀式のようにそれぞれの形をとりながら
and bring the body home	
to its rightful place	身体の住み家をあるべき場にすえる
where we honor	そこで、私たちは
the footnotes of our bodies	身体の細部の知に敬意を抱く
Dance your questions—	踊りなさい、あなたの問いを——
what you know and don't know	あなたは何がわかり、何がわからないのか
and know this:	そうすればあなたにはわかるでしょう
what is within you	あなたの内にあるものが
is fluttering, seeking a form	ゆらめき、一つの形を求めているのを
so loosen your joints	さあ、手足を緩めて

92

第6章 認識の方法としてのダンス

awaken your muscles	筋肉を目覚めさせ
and breathe into your limbs	そして手足に息を吹き込み
and dance your way	新たなステップに向けて
into new steps.	あなたの進む道を舞いなさい

　本章で私たちは動きやダンスを成人学習に関連付けて考え、実践し得る方法を広く考え探究してきた。最終的にダンスとは、成人にとって身体化された学習に門戸を拓く一方法であり、単に自分たちを身体や、精神、心やイマジネーションに関連付けるのみでなく、より深く自分を取り巻く世界を理解し、その世界を問う手法でもある。ダンスがもたらす最も重要な価値は、学習者が自分と自分の身体とを異なる関係で捉えるところにある。このことは、学習者自身の身体のカリキュラムに照らしてみれば、私たちは一つのカリキュラム内で多様な内容領域を関連付けることができる。私たちが完全に自分自身の身体を住処とするならば、どのような職業に就こうが問題ではなく、自分の知性全てを拡張し、感情的、身体感覚的、概念的な自分の完全な人間性と一体化することが可能となる。私たちは、完全に生きとし生ける存在であり、皮膚の下で息づき、実在し生きている。これが知ることそのものであり、私たちの全活力を経験するということなのである。そしてその場で、身体の深い知恵に出会い、この世界で多くのものに出会い、今日この時代にあっては、これまで以上に必要とされるものに出会う。ダンスは私たちを開き、それによって私たちは自分の生を発見し、そしてまた再び、私たちは不思議の世界に迷い込むのである。

◆参考文献

Blumenfeld-Jones, D. "Dance as a Mode of Research Representation." *Qualitative Inquiry,* 1995, 1(4), 391–401.

Bresler, L. (ed.). *Knowing Bodies, Moving Minds: Towards Embodied Teaching and Learning.* Dordrecht, the Netherlands: Kluwer, 2004.

Cancienne, M. B. "From Research Analysis to Performance: The Choreographic Process." In J. G. Knowles and A. Cole (eds.), *The Handbook of the Arts in Qualitative Research: Perspectives, Methodologies, Examples, and Issues.* New York: Sage, 2008.

Cancienne, M. B., and Megibow, A. "The Story of Anne: Movement as Educative Text." *Journal of Curriculum Theorizing*, 2001, 17(2), 61–72.

Cancienne, M. B., and Snowber, C. "Writing Rhythm: Movement as Method." *Qualitative Inquiry*, 2003, 9(2), 237–253.

Fraleigh, S. *Dancing Identity: Metaphysics in Motion*. Pittsburg, PA: University of Pittsburg Press, 2004.

Graham, M. *Blood Memory*. New York: Doubleday, 1991. 〈邦訳〉筒井宏一訳『血の記憶――マーサ・グレアム自伝』新書館, 1992。

Halprin, A. *Dance as a Healing Art: Returning to Health with Movement and Imagery*. Mendocino, Calif.: LifeRhythm, 2000.

Hanna, J. L. *To Dance Is Human: A Theory of Nonverbal Communication* (rev. ed.). Chicago: University of Chicago Press, 1987.

Hanna, J. L. "A Nonverbal Language for Imagining and Learning: Dance Education in K–12 Curriculum." *Educational Researcher*, 2008, 37(8), 491–506.

Malewski, E. (ed.). *Curriculum Studies Handbook: The Next Moment, Exploring Post-Reconceptualization*. New York: Routledge, 2009.

Mason, P. H. "Brain, Dance and Culture: The Choreographer, the Dancing Scientist and Interdisciplinary Collaboration—Broad Hypotheses of an Intuitive Science of Dance." *Brolga: An Australian Journal about Dance*, 2009, 30, 27–34.

Palmer, P. J. *The Courage to Teach: Exploring the Inner Landscape of a Teacher's Life*. San Francisco: Jossey-Bass, 1998.

Pinar, W. *Autobiography, Politics, and Sexuality: Essays in Curriculum Theory 1972–1992*. New York: Peter Lang, 1994.

Richmond, S., and Snowber, C. *Landscapes in Aesthetic Education*. Newcastle upon Tyne, United Kingdom: Cambridge Scholars, 2009.

Shapiro, S. (ed.). *Dance, Power, and Difference: Critical Feminist Perspectives on Dance Education*. Champaign, Ill.: Human Kinetics International, 1999.

Sheets-Johnstone, M. *The Primacy of Movement*. Philadelphia: John Benjamin, 1999.

Snowber, C. "Writing the Body." *Educational Insights*, 1997, 4(1). http://www.educationalinsights.ca/.

Snowber, C. *Embodied Prayer: Towards Wholeness of Body Mind Soul*. Kelowna, Canada: Northstone, 2004.

Snowber, C. "The Eros of Teaching." In J. Miller and others (eds.), *Holistic Learning and Spirituality in Education: Breaking New Ground*. Albany: State University of New York, 2005.

Snowber, C. "The Soul Moves: Dance and Spirituality in Educative Practice." In L. Bresler (ed.), *International Handbook for Research in the Arts and Education*. Dordrecht, the Netherlands: Springer, 2007.

Snowber, C. "Let the Body Out: A Love Letter to the Academy from the Body." In E. Malewski and N. Jaramillo (eds.), *Epistemologies of Ignorance in Education*. Charlotte, N.C.: Information Age, 2011.

Stinson, S. "Body of Knowledge." *Educational Theory,* 1995, 45(1), 43–54.

Winton-Henry, C., and Porter, P. *Having It All: Body, Mind, Heart and Spirit Together Again at Last*. Oakland, Calif.: Wing It! Press, 1997.

Winton-Henry, C., and Porter, P. *What the Body Wants*. Kelowna, Canada: Northstone, 2004.

＊セレステ・スノーバー博士はダンサー、作家、教育学者、ブリティッシュコロンビア州、バンクーバー郊外のサイモンフレーザー大学教育学部准教授である。専門はダンスと芸術教育であり、芸術、身体論、教育学の分野で多くの著作がある。また、ダンスや作詞を様々な場で行っている。

第7章

身体化された知識と脱植民地化：
強力で危険な演劇の教育学と共に歩む

ショーナ・バタウィック
(ブリティッシュコロンビア大学准教授)

ヤン・セルマン
(アルバータ大学教授)

園部友里恵 訳

§要　旨

　本章では、身体的な演劇のプロセスにおいてどのように身体化された認識が利用されているのかを探究する。そして、そうした演劇のプロセスによって、参加者は自分のストーリーや知識、正義のための行動の創造者として自分を見なすことができ、生き生きとしていく。

ショーナ：
ある小学校教員養成課程の学生を教えていた時、私たちは自身の実践経験について、そして世間の持つプロの教師イメージを教師がどのように「パフォーマンスして」いるのかについて話し合いました。そこでは、教師がいつもどのように見られているかということに関する台本を読みました（Hurren, Moskal, and Wasylowich 2001）。3人の学生が、その対話を皆の前でやって見せることを引き受けてくれました。その中には、女性の教師の役を演じる男子学生が1人含まれていました。はじめは笑う人が多くいましたが、私は、思いやりと敬意を持って全ての登場人物を扱うように言いました。クラスは次第に静かに深刻な雰囲気になっていきました。台本が読まれた後、見ていた学生たちが演技者の演技をどのように解釈したのかを話し合い続けました。そして私は、このディスカッションを、性差別主義や人種差

第7章　身体化された知識と脱植民地化：強力で危険な演劇の教育学と共に歩む

別主義や階級差別主義や同性愛者嫌悪が教育システムの中でどのように作用しているのか、特に、どのように教師がパフォーマンスし、どのように他者から評価されているのかというこれまで探究してきたことへとつなげていくように学生たちを導きました。この時、学生たちはより深いレベルでの理解に到達しました。

　演劇のプロセスは、変容する機会や空間を提供し、精神と身体と感情とを強く結び付ける。全く異なっているが補完的な実践のストーリーに基づいて、ここでは抑圧の関係の批判的脱構築のプロセスに演劇の活動を取り入れる際にファシリテーターが持つ倫理的責任に注目する。演劇や身体化された教育学の使用を促進し、その変容的な力に着目する一方で、私たちは、一連の決断や責任に関わるこうした問題を重要視する。演劇の批評家や実践家の身体の理論、個人や集団で共有された身体・記憶・ストーリーに再び光を当てる重要性を説くフェミニストの議論、そして脱植民地化の教育学や変容的教育学などの批判的教育学を参照して私たちはふり返る。私たちの目的は、演劇や身体化された活動が抑圧の意識化や言語化にどのようにつながるのかということだけでなく、こうしたプロセスが解放や行動を導く新たな知識を生み出す一つの方法としてどのように進められていくのかを論じることである。

　このような変容的な空間の中で活動することは、危険で、害を及ぼすことすらある。身体化された演劇のプロセスは、コミュニティや共通性をつくり、ふり返り、分析し、行動戦略を練る機会を作るような意味のあるストーリーを明らかにできる一方で、思い出されることなく、加工もされていないストーリーや記憶を引き出す可能性もある。不意打ちや危険の可能性は、個人やグループやファシリテーターの苦しみを避けるために、認識され、予期される必要がある。身体化された学習の力は、過小評価されるべきではない。すなわち、こうした経験は受け入れられ、ポジティブな成果へと向けられていかなければならないのである。

領域の定義

　民衆演劇やそれに関連するアプローチ、例えば開発のためのドラマ／演劇、

変容的演劇、応用演劇などについて書いている人々は、簡潔な定義を目指そうとする（Jackson, 2007; Kidd, 1979; Prentki and Selman, 2000を参照）。**民衆演劇**とは、社会変革に向けて、問題を発掘し、定義付け、実践するために、コミュニティの活動で用いられる演劇および演劇のプロセスのことである。重要な要素の一つはコミュニティへの参加であり、より良い平等と正義のために行動を変容させていくことが目標である。私たちが特に関心を向けているのは、暴力の一形式である抑圧的な振る舞いを演劇のプロセスがどのように目に見えるものにしていくかということに関する議論である。ヤング（Young, 1990）は、関係や精神面で暴力がどのように作用するのかという点について、「被抑圧者から自由と尊厳を奪うことである」（p.62）と指摘した。さらに、彼女は暴力の社会的な次元を強調し、「誰もが、暴力が起こり、そして再び起こるのを知っている……いつも社会的想像力という線上で」（p.62）と述べている。

身体化された演劇のプロセスには、そのような暴力の形式を妨げ、脱植民地化に寄与する大きな可能性がある。テジェデスとエスピノザ（Tejedes and Espinoza, 2003）によれば、脱植民地化という概念は新植民地主義の理解を前提としている。その理解とは、新植民地主義がアメリカにおいて、そして私たちが議論しているカナダにおいても存在しているものであり、「植民地や資本家の支配と搾取という互いに強化し合うシステムにその起源を持つ」（p.11）ことである。したがって、脱植民地化の教育学は、「植民地支配とそのイデオロギーの枠組みが作用し、そしてそれらはコミュニティと教育を基盤とした実践のデザインの中で再生産されると主張している」（Tejedes and Espinoza, 2003, pp.20-21）。演劇は、抑圧的なジェンダーのポリティクスを脱植民地化し、パフォーマンスとしてのジェンダーの理解を深めるための手段となる。ジュディス・バトラー（Butler, 2004）が主張したように、ジェンダーというパフォーマンスが「生得的ないし言語的に与えられたものであると誤って考えるならば、多様な価値転倒的パフォーマンスを通して、文化的な領域を身体的に拡張させる力を放棄することになる」（p.164）。

アッシャー（Asher, 2005）などの多くの著者は、いかに「植民地の人々や抑圧された人々が、現存している社会構造の中で生き残るために、入植者や抑圧者のやり方や言語を吸収するか」を説明している。さらに、いかに「脱植民地

第7章　身体化された知識と脱植民地化：強力で危険な演劇の教育学と共に歩む

化や社会の変容が……必然的に自己再帰的なプロセスとなるか、そして入植者や外部の抑圧的な構造の脱構築だけでなく、自身が同じ構造を内在化し、そこへの参加の脱構築を求めていくことになる」（p.1080）と述べている。私たちは、アッシャーの実践や、マシェラン（Masschelein, 2010）が求めた、注意深さを導く探究の形を通じた「じっくりと見ることを教える（e-ducating the gaze）」というプロセスに賛同しようとしている。「注意とは、……世界が私の前に現れ、（私が世界を見るようになり、）そして私が変わっていく、というように精神が世界に開かれる状態である」（p.44）。

こうした自己再帰性や注意深さという精神状態を持つことによって、私たちは自身の実践からいくつかのストーリーを生み出していく。

身体化された認識と脱植民地化

ヤン：

ある日、ダレル・ワイルドキャット（Darrell Wildcat）と深い話をしました。そこではじめて、身体化された認識とは、精神だけでなく身体、感情、魂も含めた私という全自己を解放することだと思いました。残念なことに、ダレルはもう私たちと一緒にいないのですが、彼は民衆演劇運動で多くの人々に知られるようになりました。彼は、アボリジニのオーラルヒストリーと、プレーリーに移り住んだヨーロッパ人の開拓移民の子孫を結び付ける重要なコミュニティ演劇の作品を共同でつくり、最も重要な民衆演劇の国際的なワークショップにいくつか参加しました。そして彼は、本拠地のアルバータ州のホッベマでカナダ民衆演劇同盟のフェスティバルの一環で行われるイベントの一つを運営していました。私は、個人的で統合的でホリスティックな経験をするために演劇に参加しました。演劇は私に試練を与え、精神と身体を結び付けました。しかし、私がそのことを理解し始めたのは、民衆演劇の実践家であるジェーン・ヘザー（Jane Heather）とダレル・ワイルドキャットにインタビューした時で、演劇に参加した時から何年も経った後でした。私は、脱植民地化する必要性の深刻さや、身体の経験がこのような難しいプロセスにおいて果たし得る役割について、知性を超えて理解し始めました。以下が、ダレルが話したことの一部です。

> 私は身体をよく見ます。性的虐待を受けている人々は本当に多く、えっ
> と、多くてインディアンの全人口の75%という発生率で虐待が行われてい
> ると言う人もいます。……長い間、私は、自分に起こったことについて決
> して話したくはありませんでした。えっと、でも、私にも起こっていたの
> です。そしてその時……全てが植民地化される経験なので、演劇は人々を
> 再び結び付ける脱植民地化の経験になります。なぜなら、自身の身体を用
> いない限り演劇をすることはできないからです。身体の使い方を知らない
> 限り、身体で表現することはできません。私はこのことをいつも皆に念を
> 押して言っています。演劇をする時はいつでも、人々は脱植民地化されて
> います。というのは、人々は演劇をする時にはいつでも身体と自己を一度
> 分離して、そして再び結び付けているからです。単純かもしれませんが、
> 私のコミュニティはそのように定義付けられると思います。（Prentki and
> Selman, 2000, p.21より引用）

ダレルがこうした言葉を口にした時、私は個人的なレベルで認識したのですが、彼が、経験と接続している身体を、政治的な何かと結び付けているように感じました。これはアハ体験と呼ばれるひらめきの瞬間、演劇が持つ、個人的な意味と極めて政治的な意味の間のつながりをより豊かに知るための第一歩でした。

アボリジニの人々の経験や、身体が植民地化された女性に語りかけるものがここには多くある。植民地化のプロセスによって、精神と身体が分離される可能性がある。――そして、分離されることで支配や操作が可能になる（支配や操作のためには分離することが必要である）。しかし、分離は決して完全なものではない。つまり、結合させる方法も残されている。なぜならば、ヘレン・ニコルソン（Nicholson, 2005）が示したように、「美学とは身体をめぐるディスコース」（p.57）であり、おそらく演劇の経験に参加することを通して、抑えられ声を失った精神が身体と結び付き、さらにその身体が声を見つけたりすることもある。あるいは、身体と分離した精神が最終的には身体化された知性を観客にもたらすこともある。

第7章　身体化された知識と脱植民地化：強力で危険な演劇の教育学と共に歩む

ヤン：
私がいつも思い出すのは、80年代、困難な立場にあったことです。その頃、民衆演劇運動が世界中で飛躍的に発展していました。多くの人々がこの強力な道具の最も優れた使い方を捜し求めていたので、ダレルが説明した活動は、主として個人主義的で、政治に対して無関心で、世間知らずで、ブルジョア的なものとして退けられ、社会的で政治的な変革を求める場合にはほとんど価値がないと思われました。それは、根本的に、変容というよりもむしろ「自己啓発」だったのです。以下のような出会いをした後にだけ、私は必要な言葉を見つけたことを思い出します。

> リーダーシップが不十分で、自由に声を出すことができず、社会的で個人的な生活がかなり無秩序な状態にあるようなコミュニティにおいては、道のりは長いのです。もし今すぐやる必要がないのなら、決まった政治的な行動に飛びつくのではなく、一歩ずつ、始められる場所から始めれば良いのです。個人的な表現のためのドラマは一つの出発点です。ある人にとっては、仲間やコミュニティの前で舞台に立ったり、真実につながるストーリーや経験を表現することが、重要かつ主体的な意味を持つ、めざましい大きな一歩となります。次の一歩はついてくるのです。

演出家のリナ・デ・ゲバラ（Lina de Guevara）は、『クリエイティング・ブリッジ』（Creating Bridges）というコミュニティ・シアターのプロセスに関するビデオドキュメンタリーの中で、『私はここで生まれたのではない——ラテンアメリカの移民女性たちのストーリー』（I wasn't Born Here: Stories of Latin American Immigrant Women）という作品を、個人の変革と社会の変革の両方に関わるものとして位置付けている。彼女は、演劇をつくる過程で生じる、ヨガなどの身体的な活動を重視している。「なぜならば、身体的な活動は、その人の限界がどこにあるのかということ、そしてそうした限界を押し広げていくことでさらに成長していくことを教えてくれるからである」（Joy and Hood, 1988）。参加者のヨランダ・ウエルタ（Yolanda Huerta）はヨガがもたらした経験について次のように話している。

> エクササイズをしていた時、私は突然気を失うような感覚になりました。めまいが起こるような。背中に、骨の端まで走りわたるような変な痛みを感じるのです。そしてその時、私が思い出したのは、スタジアムにいた時に軍人の男が私の背中を蹴ったことです。彼はブーツで私を蹴りました。それは恐ろしい感覚でした。（Joy and Hood, 1988）

　思い出せない記憶は、身体の中に眠っている。ファシリテーターは、こうした感受性を伴う領域に踏み込むことをグループのメンバーに言っておかなければならない。このプロジェクトのヨガインストラクターであるゲイ・ミグレー（Gay Meagley）は、グループのメンバーが身体的に探究する際のサポート方法をモデル化している。

> 私たちは皆、身体の内部に蓄積された感情や考えを持っています。だから、このように深く活動していると、時々、……こうした感情が……突然生じる可能性もあります。それで驚いてはいけません。生じるかどうかも気にしてはいけません。大きな喜びを経験することもあるのです。悲しみを経験することもあるのです。だから、どんな感情であっても、その感情が染み出てきて、表面化して、それ自体が表現されることに身を任せなさい。（Joy and Hood, 1988）

　デ・ゲバラは、次のように述べている。

> 実は私は、芸術において、理性を用いることでとても良い作品をつくれるとは考えていません。直感やインスピレーションを使わなければならないのです。自分で自分自身を変容させるのです。自分自身を表現していることに気づかず、自分自身を表現できるような人になることです。そうすれば、あらゆる知性的で合理的なことを完全に回避できます。（Joy and Hood, 1988）

第7章　身体化された知識と脱植民地化：強力で危険な演劇の教育学と共に歩む

　私たちはこのことに完全には同意していない。精神が深い経験において得られるという段階や、プロセスによって知性の支配から脱すべきであるという段階があるが、身体の活動を通して可能となるようなある種の気づきがいったん生じれば、感覚と身体と知性を**統合する**チャンスが生まれる。そのことによって、気づきが記憶に残り、深く理解され、感じとられ、省察され、そして関連付けられるものとなる。

目撃することと身体化

ショーナ：
私はしばしば、教師教育や大学院課程において演劇のエクササイズを用います。あるクラスでは、小グループをつくり、自分が成人教育者として実践した成人学習の事例についてどのような興味関心が役に立つかを議論するように学生たちに言いました。議論は計画していたよりも長くなりました。グループのメンバーが、行った対話を表現するタブローやイメージをつくるための時間があればと思っていました。即興で、知的な粘土のように私の身体を用いることによって、関係性や考えや態度を描写する様々な状態を、身体を動かしてつくることに関わる活動をやってみようと思い立ちました。そしてクラスの前に立ち、こうしたプロセスに慣れている学生を1人呼び、それまでの議論の中で出された言葉をクラスのメンバーに言ってもらい、その言葉を私の身体を使って形にしてもらいました。

数分間、感想を聞く時間がありました。何人かの学生は、プロセスを楽しんだとコメントしました。その光景は、学生たちがこれまで見たことのなかったものだったのです。学生たちは、そうしたプロセスが議論の要素を視覚化するのにどのように役立つのかと言いました。もし不快ならその活動をやらなくてよいと私が言ったことを、嬉しく思った学生もいました。その時、学生にはふり返ったことを記入する時間が10分あり、そして記入されたものが提出されました（毎回授業の最後にそうしています）。ある学生は、身体を動かして形をつくるプロセスをどのように見るのかを書いていました。そこでは、彼女が行った従業員対象のワークショップの倫理について省察されており、彼女は形を作るプロセスを操作の一種として捉えていました。私は次のワークショップに彼女とともに参加しました。彼女は、自身の実

践の見方が大きく変化したことで不安を感じていたようでした。彼女は、このことが、自分をおびえさせると共にわくわくさせることでもあると思いました。

　このストーリーからわかるのは、そうした目撃に対する考えの変化に伴って、身体化された活動がどのように強い感情を引き出すかということである。つまり、演劇のプロセスにとっての観客とは、受動的な受け手ではなく、活動の参加者なのである。「巻き込まれた観客」については既に述べてきた（Butterwick and Selman, 2003）。身体を形づくっていくプロセスを目撃した学生は、おそらく、彼女の実践について無意識的に考えていた。ジュリー・サルバーソン（Salverson, 1996）は、目撃するというプロセスや「物事を個人的に受け取ること」について洞察的に述べた。そのような関与の形式は「聞き手である彼女または彼自身の理解を変容させることを可能にする」（Salverson, 1996, p.183）と。

　上記の学生が遭遇したことは、パースペクティブ変容であると考えられる。パースペクティブ変容とは、ジャック・メジロー（Mezirow, 1997）によれば、精神と物事の捉え方の習慣を変えることである。メジローは、成人教育者がこうした変化のために理想的な状態をつくり出すことを求めた。この類の変化において重要なのは、しばしば知性的な解釈がなされる前に、身体の中で感じられるということである。ニコルソン（Nicholson, 2005）が述べたように、「身体とは広範囲に渡るカテゴリーであり、闘争の場である。……身体化された教育学は……身体がいかに文化的・社会的に構築され、経験されるかということのより複雑な理解に関わっている」（p.59）。

　前述のクラスで参加者の感想を聞き合う時間を取ったように、参加者の感覚を保持するための入れ物を用意することは重要である。しかし、大勢で議論するには限界がある。個人の省察のメモは、より深く考えるための余地を与える。もし経験を残し続ける機会がなかったならば、もし授業が「粘土」の活動の後すぐに終わってしまったならば、このような気づきは引き出されなかったかもしれない。

第7章　身体化された知識と脱植民地化：強力で危険な演劇の教育学と共に歩む

フィクションの力と安全性

　演劇がもたらす身体の関与に加え、対象、そして対象との身体的な関係によって、力強い反応が引き出され、認識が揺らぎ、記憶やストーリーがあらわになる。ストーリーシェアサークルは、民衆演劇の代表的な手法である。自己の知識と他者の知識が重ねられた記憶に残る出来事によって、ストーリーは意味を導く。フレイレ（Freire, 1983）によれば、コミュニティの状況を示す写真を通して、あるいはドラマの事例の中で自分たちのストーリーを語ることを通して自分たちの経験に言葉を与えていくこと（コーディング）によって、現実を吟味し、評価し、理解するような状態を作り出すことができる。その結果、意味や世界の中の権力構造、そして、この社会状況を発見できる脱コード化のプロセスが生じるのである。

　ストーリーを引き出す力を用いる際、ファシリテーターには特定の責任が伴う。何が明らかになるかを知ることはできないため、注意が必要である。マシェラン（Masschelein, 2010）は、フーコーに言及し、次のように述べている。「このような研究において、知識とは理解のため（私たちの理解を改善するため）のものではなく、『切りとること』や、具体的に（肉体的に）記すこと、そして自分たちが何者でありいかに生きるかということに関する変容のためのものである」（p.47）。身体感覚的アプローチは魅力的なものであるが、グループのメンバー同士の関わりによって危険が和らげられるような状況や、身体を通じて発見された深いストーリーが賞賛され、認識され、意味を与えられるような状況を作り出す責任がある。

　注意深く、信頼でき、反応が良いリーダーシップの必要性への対応とは、「現実にありそうな」フィクションのストーリーの創造をグループのメンバーに求めることである。グループで作り出されたストーリーによって、現実の探究に関わる参加者を守るための距離をとることができる。「スナップショットストーリー」とは、一連の静止画でグループが一つのストーリーを作りパフォーマンスするという身体のエクササイズである。要素が時々加えられることもある。例えば、「誰がこのグループのメンバーになれただろうか」という

ようにストーリーの登場人物に焦点を当てたり、「彼女がジレンマを抱えたままにすること」のように最終的なイメージで結論付けたりすることをファシリテーターが提案するかもしれない（Selman, 1986, p.23）。しかし、たとえより意図的な方法でこのエクササイズをしたとしても、思いがけない真実が明らかになることもあり得る。

ヤン：
コミュニティ問題に介入できそうなきっかけを探るために、フェミニストのアーティスト集団が、女性の生活上の危機についてのスナップショットストーリーを作りました。そのストーリーを作るために、小グループになって、身体も言葉も使いながら活動しました。私は、ファシリテーターとして5つの小グループの様子を見て回る前に一息ついていました。すると突然、ある女性が部屋から飛び出して行ったのです。突然、彼女は立ち去ってしまいました。何が起こったかわかりませんでした。

　彼女がいたグループが作ったストーリーには、虐待のある家庭に育った人物が登場していた。スナップショットと、身体的に表現されたフィクションのストーリーがつくられたが、その体験は、ある参加者にとっては扱うことが重すぎるものであった。このため彼女は逃げ出してしまった。「こうした研究で懸念すべきは、注意深くあることである」（Masschelein, 2010, p.47）。一つの行動を重視したワークショップが、仲間を理解し、彼女の幸せを保証するものへと変わった。ワークショップの初期の目的とは異なるものとなったが、この出来事は、変容をもたらすものであった。

ヤン：
グループとしても私自身としても、この出来事からより多くのことを学びました。ストーリーを身体化することから生まれた感情によって、私たちはその活動の価値や緊迫感や意味の中へと投げ込まれ、より激しい感情へと突き動かされたのです。行動の必要性はより明白でした。この活動に対する注意や充分なケアの方法の必要性が叫ばれました。このような変容的な経験は、自己、ストーリー、身体、記憶、

第7章　身体化された知識と脱植民地化：強力で危険な演劇の教育学と共に歩む

関わりを結び付けることによってもたらされたのです。

　強い感情を表現する際には、しばしば恐怖感や抵抗感が伴う。恐怖感や抵抗が生じた時には注意する必要がある。ジャガー（Jagger, 1992）が「知識にとって必須となる適切な感情を受け入れることとは、調和しない感情が非難され、無視され、軽視され、抑制されるのではなく、むしろ慎重に丁重に扱われるべきことを意味するだけに他ならない」（p.163）と述べたように、恐怖感や抵抗感は、認識の重要な源になり得るものである。

ヤン：
今になって、この出来事やそこから得られた示唆を思い出す時、この女性のその後の生き方についても知ることができればと思います。彼女の記憶とはどんなことで、この出来事が起こった日はどのような意味を持つのでしょうか。

成人教育者への示唆

　身体化された演劇のプロセスには、教育的・倫理的な枠組みか入れ物が必要である。それがあることで参加者は、立ち往生するのではなく、安全な場所へと導かれ、自己決定に基づいて知識が与えられるようなやり方で恐怖感などの誘発された感情を探究することができる。そのためには、新たな理解をつくり出すことや新たな行動を試すことが必要である。身体化された演劇の教育学への脱植民地化のアプローチとは、どんなに危険な場合でも充分な安全性が保たれることである。サルバーソン（Salverson, 1996）は、「どのような文脈で危険なストーリーが語られるのか、どのような枠組みでそうしたストーリーが生まれたのか、そして、何が語り手にとって負担となるのか」（p.181）を検討する重要性を指摘した。リンデ・ジンガロ（Zingaro 2009, p.15）は、他者にストーリーを語るように勧めたり自分たち自身のストーリーを語ったりする前に、常に開示の影響を検討する必要があると主張した。
　グループのメンバーに対して演劇のプロセスや演劇づくりに没頭するように

求める時、ファシリテーターは、効果的であるが苦しいやり方を促す。ファシリテーターは、多くの自己学習、身体と精神とをつなぎ直すことによる脱植民地化、痛みを伴い、時には勇敢な過去のストーリーに対する賞賛のための環境を作り出すことができる一方、個人にとってもグループにとっても危険なプロセスを引き起こす可能性もある。教育者やファシリテーターは、しばしばこうした責任を負っている。解放、脱植民地化、そして主体性の創造のために、次のような原理や関わり方が用いられることを私たちは提案する。

　こうした活動には、あらゆる感覚を用いたある種の**注意**が必要である。他者と共に歩むということは、その過程において、見たり、聴いたり/聞いたり、とても強い好奇心を持ち続けたり、途中で手がかりや情報を集めたりすることである。多くのことを正確に知ることができない点を考慮すれば、可能な限り**代償や危険や効果を評価しなければならない**。私たちは、演劇のプロセスの手順を押しつけるというよりもむしろ、自身のコミュニティに応じてその手順を**生み出す必要がある**。たとえ未来がわからなかったとしても、やみくもにならず心と目を開き、慎重かつ**積極的に前へ進んでいかなければならない**。身体化された演劇のプロセスによって、居心地の良いところを超えて、新たな自己を発見することができる。私たちは、自己開示が、充分に聞かれ、受け入れられ、賞賛され、経験の中にある知識のために利用されないのならば、そのような自己開示を求めたり促したりするべきではない。こうしたストーリーは、**穏やかだが力強くもある場の中で注意深く扱われるべき贈りものなのである**。身体化された演劇のプロセスを用いるか決める際には、**そのプロセスがどのようなものかを人々に知らせなければならない**。そして、そのプロセスが大きな力を持つ場合も、驚くべき経験をもたらす場合もあることも伝えておく必要がある。私たちは、**個人やグループのセルフケアの力を探究**し、勇気のある探究を促すような安全な環境を作り出すべきである。新たなことに挑戦するために、**前に進むためにどのような同意が必要かを問わなければならない。活動をうまく利用する必要がある**。この活動とは、語られたストーリーに関するものではなく、語ることと聴くこと、そしてストーリーの真実に関わるものである。そうしたことが**行動を形づくっていくのである**。

第 7 章　身体化された知識と脱植民地化：強力で危険な演劇の教育学と共に歩む

◆参考文献

Asher, N. "At the Interstices: Engaging Postcolonial and Feminist Perspectives for a Multicultural Education Pedagogy in the South." *Teachers College Record*, 2005, 107(5), 1079–1106.

Butler, J. "Performative Acts and Gender Constitution: An Essay in Phenomenology and Gender Theory." In J. H. Bial (ed.), *The Performance Study Reader*. New York: Routledge, 2004.〈邦訳〉吉川純子訳「パフォーマティヴ・アクトとジェンダーの構成――現象学とフェミニズム理論」『シアターアーツ』vol.3, 1995, 58–73。

Butterwick, S., and Selman, J. "Deep Listening in a Feminist Popular Theatre Project: Upsetting the Position of Audience in Participatory Education." *Adult Education Quarterly*, 2003, 53(4), 7–23.

Freire, P. *Pedagogy of the Oppressed*. New York: Continuum, 1983.〈邦訳〉小沢有作ほか訳『被抑圧者の教育学』亜紀書房, 1979。

Hurren, W., Moskal, M., and Wasylowich, N. "They are Always Watching Me: A Reader's Theatre Script Based on the Performative Aspects of Be(com)ing Teachers." *Teaching Education*, 2001, 12(3), 335–345.

Jackson, A. *Theatre, Education and the Making of Meanings: Art or Instrument?* Manchester, United Kingdom: Manchester University Press, 2007.

Jaggar, A. "Love and Knowledge." In A. Jaggar and S. Bordo (eds.), *Gender/Body/Knowledge—Feminist Reconstructions of Being and Knowing*. New Brunswick, N.J.: Rutgers University Press, 1992.

Joy, P., and Hood, R. J. (producers and directors). *Creating Bridges: Puente Theatre* [Film]. Victoria, British Columbia: National Film Board of Canada, 1988.

Kidd, R. "Liberation or Domestication: Popular Theatre and Non-Formal Education in Africa." *Educational Broadcasting International*, 1979, 12(1), 3–9.

Masschelein, J. "E-ducating the Gaze: The Idea of a Poor Pedagogy." *Ethics and Education*, 2010, 5(1), 43–53.

Mezirow, J. "Transformative Learning: Theory to Practice." In P. Cranton (ed.), *Transformative Learning in Action: Insights from Practice*. New Directions for Adult and Continuing Education, no. 74. San Francisco: Jossey-Bass, 1997.

Nicholson, H. *Applied Drama: The Gift of Theatre*. London, United Kingdom: Palgrave Macmillan, 2005.〈邦訳〉中山夏織訳『応用ドラマ――演劇の贈りもの』而立書房, 2015。

Prentki, T., and Selman, J. *Popular Theatre in Political Culture: Britain and Canada in Focus*. Bristol, United Kingdom: Intellect, 2000.

Salverson, J. "Performing Emergency: Witnessing, Popular Theatre, and the Lie of the Literal." *Theatre Topics*, 1996, 6(2), 181–191.

Selman, J. *Role Play: A Practical Guide for Group Leaders*. Edmonton, Canada: AADAC

Publications, 1986.

Tejedes, C., and Espinoza, M. "Toward a Decolonizing Pedagogy: Social Justice Reconsidered." In P. P. Trifonas (ed.), *Pedagogies of Difference: Rethinking Education for Social Change.* New York: Routledge, 2003.

Young, I. M. *Justice and the Politics of Difference.* Princeton, N.J.: Princeton University Press, 1990.

Zingaro, L. *Speaking Out: Storytelling for Social Change.* Walnut Creek, Calif.: Left Coast Press, 2009.

＊ショーナ・バタウィックは、ブリティッシュコロンビア大学教育学部の准教授である。専門は成人教育。

＊ヤン・セルマンは、アルバータ大学演劇学部の教授である。専門は演技、演出、コミュニティ・シアター。

第**8**章

おわりに：
身体を取り戻すために

ランディ・リプソン・ローレンス
（ナショナル・ルイス大学准教授）

岩崎久美子 訳

§ 要　旨
　本章は、終章として、これまでの章で論じられてきた内容をまとめ、そこから導かれる知見に焦点を当てる。

　身体化されたものとして、私たちはこの世に誕生する。乳児期の子どもは、時折、何時間も自分の手をじっと見て、自分の身体に興味を持ち、幼児期には、意識せずに踊ったり、くるくる回転したり、よじ登ったりする。そして、少し成長すると、恥ずかしがるようになって、自分の身体に気まずさや不愉快さを感じたりする。学童期になると、学習とは、頭を使って行うものだと思い込むようになる。しかし、本書の各章が論じているように、身体は、知識の源泉である。身体化された知識によって初めて、認識し得るあらゆることを経験できる。第6章でスノーバーが述べているように、「運動感覚の認識は、人間であることの中核にある……私たちはこの世界の中で人間であることが何を意味するのかをより深く理解するためには、身体全体を必要とするということである」。

　本書では、大学の講義、職場、医療や健康に関わる専門職の実践の場、そして、コミュニティなどで行われるフォーマル、あるいは、インフォーマルな教育の場に存在する身体化された知識を探り、身体化された学習の形態として、

直感、演劇、ダンス、ヨガ、アウトドア教育の果たす役割を考察している。それぞれの教育活動の文脈は異なっているが、全ての論文を貫く共通のものとして、6つのテーマが挙げられる。それらは、1．身体の持つ知恵、2．ホリスティックな学習における身体の役割、3．自己と他者への気づきに伴う身体の役割、4．経験的な学習や変容的学習に関わる身体、5．身体教育学、6．身体についての支配的イデオロギーへの挑戦、である。

身体の持つ知恵

私たちは、身体に関わる深い知識と知恵を有している。この知識は、通常は、無意識に蓄積されている（Jung, 1964）。身体化された知識に触れることは、意識の陰に潜む知識を表出することである。身体は、様々なストーリーや潜在的トラウマ経験などの身体自体の記憶を持っている。身体の持つ知恵を獲得するためには、自分の身体に耳を傾けることが必要である。本書の各章は、動作、ダンス、ドラマや、身体的挑戦を上演することで、獲得される身体を通じた知識を「表現する」多様な方法を論じている。

前意識の知識を表出すること

第1章では、多くの知識がいかに直感的であるかを議論した。このような知識は、存在しているにもかかわらず、通常は、直接の自覚として表面化しない。この無意識の知識を獲得するため、身体に、より注意を払う必要がある。第2章でシュワルツが述べているように、直感的な知識は言語を介さずにもたらされる。芸術的表現を行うことは、身体化された知識に触れる方法と言えるかもしれない。スノーバー（第6章）は、「汗をかいた後で書くならば、私たちの言葉はかつて知らなかった認識を明らかにする」と言う。ダンサーとして、スノーバーは、汗から文字にするということを、実感を込めて述べている。しかし、同時に、絵を描き、詩をつくり、歌うことでも、知識を「汗」として絞り出すことができるのである。

第8章　おわりに：身体を取り戻すために

身体の記憶

身体は、私たちが持つストーリーの入れ物である。シュワルツ（第2章）、ニエベス（第4章）、バタウィックとセルマン（第7章）はいずれも、いかにこれらのストーリーが文化的で、政治的で、そして時にトラウマであり得るかを論じている。ニエベスは、身体の中に知識が存在すると信じる重要性を私たちに教えてくれる。そして、ニエベスは、このことは、異文化への気づきと同様のものと考えている。バタウィックとセルマンが警告するように、陰に潜む知識を表出することによって、繊細に扱う必要のある抑圧された感情が現れる可能性がある。

身体に耳を傾ける

メイヤーは第3章で問いかけている。「組織における学習の場として、身体が価値付けされるとすればどうなるだろうか。どのような知識が有効になり得るか」。身体知や身体の持つ知恵を尊重するには、より深く身体に耳を傾けることが必要である。身体は、身体が何を求めるのか教えてくれる。シュワルツは、ヘルスケアに関連し、「私の身体が求めているものを『示し』、私はその通りに行動した。……私の身体はまだ治療を求めていた」と第2章でこのことを上手に例示している。

身体を通じ知識を再現すること

身体に注意を払うことや、ストーリーを作り直すことは、陰に潜む知識を表出する方法である。知識を共有するためにも身体を使うことができる。あるいは、ニエベスが「私にとって、女性のナラティヴやそのテクストの記述を身体化することは、心で考える行為となった。そして、インタビューに加わった私の心は、詩、歌、そして身体的動作を必要とした。これら全ては、身体が知識を再現できる方法である」と言うように（第4章）、知識を「再現する」ため身体を使うこともできる。ニエベスにとっては、このような知識を十分に表現する唯一の方法は身体を通じてなのだろう。同様に、スノーバー（第6章）は、より深く問いかけに関わり、理解するようになる探究の場として、身体を用いることを取り上げる。スノーバーによれば、「私たちは自分たちの問いを

踊ることにより、様々な問いの裏側にある問いを見出すことができるのであり、また身体知に深く耳を傾けられる」のである。

ホリスティックな学習における身体の役割

　本書の執筆者全てが同意することであるが、身体化された学習は、ホリスティックな学習の本質的な要素である。身体化された学習は、どのような形態の学習とも切り離せない。学習は、身体、精神、心、魂に関わっているからである。身体化された学習には、全人格的な関わりが求められる。身体に関心を持つことで、むやみに考え過ぎなくなり、物事に動じないようになる。本書のどの章も、身体化された学習を学習の他の形態と関連付けて論じている。

学習における身体、精神、心、魂
　第1章では、身体の認識から始まり、認識のその他の方法へつながる直感的学習を紹介した。本書の執筆者のほとんどは、これらの学習方法が相互につながっていることに異論はないであろう。第6章でスノーバーは、「ダンスは、世の中で成人になるとは何を意味するのか、精神、身体、魂で学ぶとは何を意味するのかを再発見する際に必要となる」という表現をあえて用いている。認知的学習は、西洋の教育制度において重要視されているが、実際には認知的学習は学習の一つの形態に過ぎない。人間として完全なものとなるには、他の学習形態も必要とされる。

全人格的な関わり
　即興演劇のゲームを職場に導入する中で、メイヤーは、身体化された経験を踏まえれば、参加者は学習経験に自分の全てを投入しても不安にならないことを発見した。このことをメイヤーは、学習者の変容と表現し、さらに、この変容を「全身的な関わり」と呼んだ。このことは、ヨークスとキャッスル（Yorks and Kasl, 2002）が「全人格的学習」として言及したものと似ている。全人格的学習とは、直接の経験から生じるもので、情緒的で想像的な認識は、実践にそって評価される。言い換えれば、全人格的学習は、ホリスティックな学習なのである。

第8章　おわりに：身体を取り戻すために

考え過ぎの落とし穴

　精神、身体、感情の関連性については、第5章でハウデンにより明確に説明されている。ハウデンは、野外冒険講座における成人学習者の経験を描写している。成人学習者は、怖いと感じ、また自分の能力を超えると思われる身体的挑戦によって多くのことを学ぶ。考え過ぎが高じて精神が成功を阻止するメッセージを発しているのだとわかれば、成人学習者は身体に慣れ親しみ、身体的成功を積み重ねることにより自信を増す。ハウデンによれば、「身体と精神の間には確かに関連性が存在する」のである。

他の学習形態とのつながり

　本書の執筆者は、身体化された認識と、認識の認知的、感情的、そしてスピリチュアルな方法との関係だけでなく、それ以外のつながりについても検討している。ニエベスとウィルコックス（Wilcox, 2009, p.105）は、「生きた経験、実演、そして身体的な知能は、相互に関連する3つの概念である。これらの概念は、教育の中で、身体化された学びの方法を私たちが熟考し実践する手助けとなる」としている。スノーバーは、「視覚的、感覚的、精神的、認知的、感情的知性」に対する想像的思考や運動感覚的知性を身体化された認識に関連付けており、またバタウィックとセルマンは、直感とインスピレーションを身体を通じた認識に関連付けて考える。

　認識は、明らかに理性だけで説明し得ないホリスティックな過程である。身体化された認識は、理性と同様に、より完全な人間としての自己の理解に役立つ。

自己と他者への気づきに伴う身体の役割

　本書の執筆者は、身体化された活動への関わりがいかに自己の気づきを促すかを論じている。身体化された活動への関わりはまた、他者への感受性を増し、協働性の改善に役立つ。加えて、学習者によっては、身体化された認識が個人のエンパワメントにつながる場合もある。

身体知　成人教育における身体化された学習

自己の気づき

　身体に耳を傾けること、つまり、身体だけではなく心の動きに寄り添い、感じたことに波長を合わせることは、訓練を要する。いったん身体に耳を傾けることを体得したならば、このような感覚がいつでも得られることに気づくようになる。看護師であったシュワルツは、ヘルスケアの文脈の中でこのことについて触れている。シュワルツは、自分の経験と彼女が受け持った患者の経験から、身体に耳を傾けることは学ぶことができるものであり、身体は、病気であるかどうか、どんな種類の配慮が求められるかを教えてくれることに気づいた。ハウデンは、野外冒険講座の参加者が、しばしば心身の苦痛を経験するが、その苦痛は「障害を克服し、自己発見の可能性を拓くきっかけ」をもたらすことを見出している。

関係性から生じる知識

　メイヤー、ハウデン、シュワルツの誰もが、身体化された集団活動を通じ生成される関係性から生じる知識や相互の関連性について取り上げている。身体化された経験を共有することは、集団に親密性をもたらし、絆を強める。その経験は、共有した記憶を作り出すことで、コミュニケーションを円滑にするのである。メイヤーは、学習者が「こうした身体化された全人格的な経験を通してつながりが作られるため、より気楽に人に助けを求められる……関係性から生じる知識は彼ら自身の関係の中に埋め込まれており、共有された経験を通して得られる」と述べている。ハウデンは、共有された経験、特に困難とされる身体的挑戦に取り組む経験が、いかに絆を形成し、対人関係を強化するのに役立つかを記している。参加者は、互いの最も弱い部分や脆さを知る。弱い部分を見せ合うことで、彼らは深いつながりを得ることが多い。シュワルツは、共有された経験について集団でふり返ることは、いかに協働的知識と集団的洞察につながるかについて語っている。

個人のエンパワメント

　自己効力感が高まることは、身体化された学習のもう一つの成果であった。ハウデンの発見によれば、身体的挑戦のレベルが上がるにつれて、参加者は自

信が高まっていくことを経験する。彼らは、エンパワメントされたと感じ、より大変な挑戦でさえ引き受けるようになった。シュワルツによれば、エンパワメントは、医療専門家の助言を鵜呑みにするよりも、自分の身体に耳を傾け、自分の身体からヘルスケアの必要性に関する、重大なメッセージを受け取る場合に生じると言う。つまり、「全身体的なレベルで、環境を読み解き、適応する自身の能力について学んでいく自信を持つことが、生きていく能力に関する自信を実際に支えていく」ということなのである。

経験的な学習と変容的学習に関わる身体

　身体化された学習は、本来は経験からくるものである。たとえ、身体の感覚を知るだけの経験であっても、人は何らかの行動を起こしているのである。身体化された認識は、身体的、感情的、精神的そしてスピリチュアルな経験であることが多く、さらに変容的学習の可能性ももたらす。

経験的な学習
　身体を用いた表現、ヨガ、ダンス、ロープ上り、即興演劇、演劇の稽古などの、あるいは、身体を使ったどのような活動であっても、それは身体的な経験的な学習である。スノーバーによれば、「私たちは、子宮や骨盤から生まれてきたものであり、そこに戻らなければならない存在である。このことは知識が単に告げられたり、それを読みさえすれば得られるものではなく、経験しなければならないことを意味する」。コルブ（Kolb, 1984）は、経験的な学習の4つの段階からなるモデルを開発したが、このモデルは、具体的経験、経験のふり返り、新たな概念形成・理解、そして最後に新しい状況への知識の応用からなっている。このモデルは、想定されているほど直線的な段階を経るものではない。しかし、本書の執筆者はみな、身体化との関連で、経験的な学習のこの4つの段階からなるモデルについて、多少なりとも取り上げている。例えば、ハウデンは、身体的経験をした後に、学習者に集団的ふり返りを行わせ、感想を述べさせる。その活動は、「個人やグループの行動と振る舞いへの素晴らしい洞察力」を提供する。ハウデンは、このような経験的な学習を広げていく機

会を提供し、自分の学んだことをどのように人生の他の側面に応用し得る行動計画へと発展させるかを参加者に促している。

変容的学習

執筆者の何人かは、身体化された学習が学習者にとっていかに変容をもたらしたかを議論している。彼らによれば、学習者の中で世界観が変わる経験をしたものや、変化がもたらされたやり方を報告した者がいた。メイヤーは、彼女のプログラムへの参加者が職場のあり方を捉え直し始めたことから、この変容の様を、「職場から遊びの場への発想の転換」として言及する。バタウィックとセルマン、そしてニエベスは、いかに演劇が、変容のための場であり得るかについて語っている。ニエベスの言葉を引用すれば、「私は、全身を身体的にもスピリチュアルにも変えていくことに取り組んだ」ということである。スノーバーは、「新しい世界をイメージし直す」ための誘因としてダンスの動作を語っている。ハウデンは、いかに冒険教育が、絶えず変化可能な「身体的・精神的な障壁を乗り越える」機会を人々に提供するかを強調している。

身体化された学習は、経験的な学習である。コルブ（Kolb, 1984）が論じているように、学習とは、単に学習そのものを行うことではなく、ふり返りを通じて経験の意味付けをすることである。身体化された経験は、時に、学習者にとって深くかつ重要な意味を持つので、変容的学習が生じる好機となる。

身体教育学

多様な方法による学習について取り上げてきたが、身体化された方法はどのように教えることができるのだろうか。本書の執筆者は、各章で教育者の役割について論じているが、それは、身体化された教育活動を促すことであり、学習者の抵抗感にうまく対処することにある。

教育者の役割

スノーバーが指摘しているように、「教師は身体を通して、あるいは身体と共に教授する」。教えることにわくわくしている時も、退屈で疲れて余裕がな

い時も、そのことが教師の身体全体から学生に伝わる。教師は手本でもあるのだ。メイヤーが解説しているように、指導者が「遊び心」を持っていれば、その雰囲気は、学生にとって遊びへの誘いになるだろう。私ローレンスは、身体のサインを観察することで、どの程度生徒がその活動に関心を持っているかを判断することの重要性を語ってきた。また、バタウィックとセルマンは、安全な学習の場を設定する教師の重要性を説いている。このような学習の場であれば、表出されるかもしれない身体に隠された記憶を繊細な方法で扱うことができるのである。

教育活動を促すこと

　身体化された教育方法は、様々な形態をとる。メイヤーは、意識的な呼吸を行うことで身体に注意を払うよう学生に呼びかけている。メイヤーは、また、即興演劇のゲームを用いたり、デッサンやパフォーマンスを通じ、身体化された知識を表現するよう学生に促す。スノーバーは、「探究の方法としてのダンス」を推奨する。「自分たちの問いを踊ること」や、「探究のために全身を用いること」は、認識のより深いレベルに到達させてくれる。シュワルツは、「臨床行動教育学」と彼女が呼ぶものを推進している。シュワルツは、ヨガトランスダンス、等身大の身体のイメージの描写、身体を用いてストーリーを語るなどの身体化された活動を通して学生の指導を行っている。バタウィックとセルマンは、脱植民地化を促し、社会的行為を呼び起こすため、人種差別、性差別、同性愛嫌悪症に対する問題意識を高める演劇活動に学生を参加させる。私ローレンスも、言語で表現できない知識を獲得するために、身体の動作、ダンス、あるいは演劇活動を通じて、ストーリーの身体化についても論じている。

学習者の抵抗

　身体教育学を生き生きと教え導くためには、教師は、その教授法が、多くの学習者が慣れ親しみ、そして心地良いと感じてきたものと相反するものでもあることを認識する必要がある。学習者がこれまでどこで生きてきて、どんな重荷を背負っているかは決してわからない。不安が少ない活動から始め、快適なレベルへと学生を徐々に引き上げていく方法をとるとしても、決して参加を強

119

制すべきではない。私ローレンスが提案し、バタウィックとセルマンが強調するように、身体教育学のどのようなやり方をとるにしても、個々の学習者の安全とプライバシーを守るためには、非常に多くの配慮が教師に求められる。

成人教育者は、言葉や本による知識に依拠した伝統的高等教育学の境界をあえて超えれば、新しい学習機会を学習者に提供できるであろう。

身体についての支配的なイデオロギーへの挑戦

本書の執筆者たちは、身体を通じた学習は課題が多いものであるという点で意見が一致している。身体教育学の普及と実践は、精神こそが学習の主要な源泉であるという広く行きわたったイデオロギーや認識論に立ち向かい、その境界を乗り越えることである。本書では、仕事や教育の意味についての思い込みだけでなく、身体についての思い込みを問い正すことを論じている。私たちは、学習する際に合理性を優先することへの対抗的ナラティヴを提示する。さらに、従属的な知識を解放するための道を開くことで、脱植民地化の形態として身体化された学習への洞察を提示しようとする。

身体についての思い込み

本書の各論は、身体が困惑の源であり、教育のプログラムでは扱えないという支配的な思い込みに対し、身体化された学習がいかに立ち向かうべきかを明らかにする。ニエベスは、葛藤の場としての身体に言及する。押さえ込まれた抑圧の記憶の多くは、身体の中に収容されている。子どもの頃、私たちは、自分の身体と共に自然に生きているが、年齢を経るにつれて、身体に困惑を覚え、恥ずかしがるようになる。スノーバーが言うように、「身体知が人間という種において、危険にさらされていることは明らかであり、私たちはしばしば自分たちの身体の中で身体知を遠ざけてきた」。身体化された学習の意識的な喚起は、知識の源泉として身体を取り戻させ、身体知を遠ざけるような考え方を打ち砕くものである。

仕事と教育に関する思い込み

各論はまた、教育と同様に仕事についての思い込みも問い直す。メイヤーは、いかに多くの人々が、職場は働く場であって、遊ぶ場ではないと信じて育ってきたかについて語っている。スノーバーと私は共に、いかに学校教育が動き回るよりもじっと座っていることを条件付けてきたかを論じてきた。伝統的な成人教育や高等教育においてさえ、学習のほとんどは、机に座って行われる。各論が示すように、学習は、身体を通じて経験的に生じる。このような学習を生じやすくするために、思い込みを取り払い、生き生きとした新しい空間や領域を探し求める必要がある。

合理性を優先することへの対抗的ナラティヴ

他の執筆者と同様、私ローレンスも、教育の世界で広く行きわたっている認知の方法として合理的思考を優先する限界について取り上げている。第1章で述べたように、合理性を過度に重視することは、「私たちが人間として充分に自己実現することを妨げている」。私はまた、いかにフェミニストのディスコースこそが、身体の知識を取り戻す方法であり得るか論じている。身体化された認知というものを、成人教育における学習の周縁から中心へと移すために、心と同様に、身体、魂、感情を用いた対抗的ナラティヴを展開する必要がある。

脱植民地化としての身体化された学習

教育において合理性重視の方法が支配的であることは、植民地化されるプロセスにつながる。植民地化のプロセスは、身体によらない認識方法が正規のものとして実践されている場にいる抑圧されたグループや文化的背景を持つメンバーにとってはなおさら影響がある。バタウィックとセルマンが指摘しているように、植民地化は、身体から精神を分離する。それは、「支配や操作」を受けやすいように放置しておくことである。バタウィックとセルマンによれば、演劇は、精神と身体を共に呼び戻すことによる脱植民地化の一つの方法である。ニエベスは、演劇を、従属させられていた真実を取り戻し、「抑圧された社会的、文化的、政治的な歴史から解放される」方法として語っている。これ

らの真実が身体に入ってくることで、観客と演技者が共に植民地化に抵抗することが可能になる。こうして、バタウィックとセルマンが断言するように、解放と行動につながる新しい知識が生み出される。

全体をふり返って

　本書は、学習をその根源にまで回帰させようとする試みである。このような試みがなされる時、身体を通じた学習が、息をするように自然に生じる。成人が学び、多様化する学習者のグループのニーズに合う学習方略をデザインするため、多様なやり方が理解される必要がある。身体を通じ、どのように知るようになり、学ぶようになるかの理解は、新しい現実の想像を促してくれる。それは、学習者のための一層の包摂的な空間を創造するという大きな可能性を広げるものであろう。

◆参考文献

Jung, C. G. (ed.). *Man and His Symbols*. New York: Dell, 1964.〈邦訳〉河合隼雄監訳『人間と象徴――無意識の世界』河出書房新社, 1972。

Kolb, D. A. *Experiential Learning*. Englewood Cliffs, N.J.: Prentice-Hall, 1984.

Lawrence, R. L. "Powerful Feelings: Exploring the Affective Domain of Informal and Arts-Based Learning." In J. Dirkx (ed.), *Adult Learning and the Emotional Self*. New Directions for Adult and Continuing Education, no. 120. San Francisco: Jossey-Bass, 2008.

Wilcox, H. N. "Embodied Ways of Knowing, Pedagogies, and Social Justice: Inclusive Science and Beyond." *NWSA Journal*, 2009, 21(2), 104-120.

Yorks, L., and Kasl, E. "Toward a Theory and Practice for Whole-Person Learning: Reconceptualizing Experience and the Role of Affect." *Adult Education Quarterly*, 2002 52(3), 176-192.

＊ランディ・リプソン・ローレンスは、シカゴにあるナショナル・ルイス大学の成人継続教育講座の准教授である。

訳者あとがき

身体の知恵

立田慶裕

　本書の特徴は、知識に関する支配的なパラダイムに大きな疑問を投げ、ともすれば知識が頭脳だけにあるように考えられがちな点を身体全体のものと捉えた点にある。編者のローレンスは、編集ノートでも第8章でも、「私たちは、身体に関わる深い知識と知恵を有している」と述べている。そして、その身体が持つ知をどのように引き出すか、の実践的な試みが各章で論じられている。第8章では特に「身体の持つ知恵」という節を設けたが、そこでは、各章での理論と実践をふり返り、いかに身体が持つ知識を引き出すかという英知が述べられている。そこで彼女は「身体の持つ知恵」（body wisdom）と述べてはいるが、身体知と身体の持つ知恵がどのように異なるのかについて詳細には論じていない。英知と知恵、もしくは知恵と知識は、日本語の文脈でもその意味は大きく異なる。

　『英智の心理』（ナカニシヤ出版、1995）を著した中西信男氏は、日常的には智恵（英智）とは「人生についての重要で、不確実な事柄についての適切な判断と助言」であるという。それは、人生計画や処世術、人生の回顧を含む知識体系で、人生全般についての洞察や問題状況での的確な判断や助言を意味する。また人格の発達という視点からみると、智恵の本質とは、「自己を超越する能力」であり、「社会的活動範囲は、家族から仲間集団へと拡げられ、成長するにつれて配偶者や仕事仲間へと拡大され、最後には全人類に及ぶ」という。自分が成長し拡がる過程で、力の限界を知り、個人的に死すより社会や宇宙へエネルギーを転移する活動こそが知恵だというのである。自分のことだけを考えるのではなく、社会に関わって生まれる自由と広い関心にこそ、知恵の本質がある。自分自身に適切な判断や助言をもたらし、自分以外の社会に身体

の力をもたらすことができるものが身体の知恵ということになる。

もう一つ身体の知恵について著された科学の古典として、キャノンの『からだの知恵』（講談社、1981）がある。この本で述べられる知恵とは、身体全体の恒常性を維持しようとする自律神経系の働きである。血液やリンパ液、渇きや飢え、体内の水分や塩分、糖分量、カルシウムやタンパク質、酸素や体温などのバランスを自然と恒常的に保つ身体の仕組みが神経系によって支えられている。いわゆる自然の治癒力が持つ身体の知恵をキャノンは詳細に論じている。ただ、内部環境だけの知恵にとどめるのではなく、手当や抱擁など自分の身体を用いて他者を癒せるなら、そのような外部環境へ働きかける身体の智恵についての分析や研究が期待される。

身体、その存在を思う

岩崎久美子

今回の翻訳を通じて、身体の存在を改めて考え、三つのことに思いを寄せた。

一つ目は、身体知の根源は楽しさにあるという点だ。

> 子供の教育において第一になすべきことは、道徳を教えることではなく、人生が楽しいということを、つまり自己の生が根源において肯定されるべきものであることを、体に覚え込ませてやることなのである。（永井均『これがニーチェだ』講談社、1998年、23頁）

ニーチェの主張を解釈するまでもなく、仕事も人生も、楽しいという感覚が大事であると思う。

楽しさの原点には、身体との付き合い方がある。精神科医のレインによれば、精神疾患者は、自分の身体が自分のものとして感じられない傾向があるという（『ひき裂かれた自己』みすず書房、1971.）。身体が柔軟で思うように動かせることは精神の健康と同義であり、楽しいという感情を醸成する源泉である。職場も同様である。創造的な職場は遊び心や楽しい要素に満ちている。本書

の第3章「仕事における身体化された学習」でも、職場を遊びで彩ることで、チームワークや創造性がもたらされ、職場が活性化する様が描かれている。

　二つ目は、身体知が熟達化に至るには、身体になじむ反復訓練が必要であるという点である。

　スポーツ、音楽、芸術などの「わざ」の伝承は、身体の動きを真似ることから始まる。例えば、熟練した指導者は次のように語る。

> 「高校生の世代に必要な技術、例えばボールコントロール、パスの精度、両足で蹴れる、多様性、判断力などを身体に染みこませるように指導する（サッカー指導者）」、「知識とか、経験とか、趣味とか、自分の個性とか、そういうものを合わせてこういうものを作ろうとこういう風に弾きたいと思ったときに、自分の手や体、足も全部が言うことをきくように訓練することが必要です。（ピアノ指導者）」（生田久美子・北村勝朗編著『わざ言語――感覚の共有を通しての「学び」へ』慶應義塾大学出版会、2011年、35頁）

　熟達化とは、反復、経験の蓄積によって技能が身体になじんで定着していく過程である。

　三つ目は、身体知とは、経験の蓄積により身体に染み込んで作り上げられた自己アイデンティティの一部という点である。

　身体と対話する時、自我が表面化する。ヨガ、即興演劇、舞踊などの身体を用いた自己表現は、身体の中にある本来の自己を取り出す試みである。身体を用いることで、社会的なメッキが剥がれ、自然な息づかいと共に素直な自分を取り戻すことが可能になる。

　本書を翻訳し、自分の身体にもっと目を向けたく思うようになった。本書を手にする人々にとっても、身体が有する知恵の存在に目を向けるきっかけになれば幸いである。

身体知　成人教育における身体化された学習

「認識の方法としてのダンス」の翻訳から認識したこと

金藤ふゆ子

　今回の翻訳で私は「第6章　認識の方法としてのダンス」を担当させていただいた。翻訳の分担を検討するにあたり、第6章の訳を私は自ら希望した。その理由は、誠に拙いながら訳者自身が古典の日本舞踊の稽古に取り組んできた経験があり、「認識の方法としてのダンス」というタイトルに魅力を感じ、また執筆者が西洋のダンスを踏まえてどのような論を展開するのかに強い興味を抱いたからであった。

　第6章の筆者であるセレステ・スノーバー（Celeste Snowber）は、ダンスを私たち人間の生得的権利の一つと捉え、さらに運動感覚の認識を人間であることの中核にあるものと理解する。筆者はダンスを誰か他者から教えを乞うものとして捉えるのではなく、人間が生まれ持った資質の一つであり、かつ「運動感覚的知性を超えた多種多様な知識に関係しており、視覚的、感覚的、精神的、認知的、情動的知性を含」む極めて幅広い知性に関連するものと捉える。

　訳者は、スノーバーのこうしたダンスの捉え方に非常に新鮮さを感じた。同時に、違和感のない説明として受け止めた。何か、彼女の説明は、日本の古典舞踊にも相通ずるものが多くあると感じたためである。日本の古典舞踊は、一挙手一投足の振り付けが型として決められているが、踊り手によってその表現には大きな違いが生まれてくる。すなわち、古典舞踊は同じ型に従って表現されているように見えるが、実はその踊り手自身の本質が舞に現れると考えられている。洋の東西を問わず、舞（ダンス）とはその人自身の内面が現れるものだと言えるのだろう。

　同じ研究会による訳書、シャラン・メリアム編『成人学習理論の新しい動向』（福村出版、2010、60‐74頁）において、タミー・J・フレイラー（Tammy J. Freiler）の「身体を通じた学習：Learning Through the Body」の訳を担当させていただいた頃より、身体を通じた学習の奥深さに魅力を感じてきたが、今回の翻訳で益々その奥深さを実感した。日々の仕事に忙殺されてばかりいるのではなく、「身体知に深く耳を傾けられる」人間になりたいと思う。本書の翻訳の機会を与えて下さった立田慶裕先生、研究会で貴重なご意見をくださっ

たメンバーの皆様、そして編集の労をとってくださった福村出版の宮下基幸様、小川和加子様にこの場をお借りして心から御礼を申し上げたい。

身体による社会的対話と意識変容の学習

佐藤智子

　私たちが存在する世界には、自然や社会によって多様な学習環境が形成されている。ことばにより構成される多くのナラティヴが溢れ、それと同時に、ことばにされることのない様々な感情・価値観・文化がある。普段、私たちはそれを特に気にすることもなく生活しているかもしれない。しかし、たとえ意識することがなくとも、私たちの内面に宿る精神は、まさに身体を介して外部の環境と相互作用しているのである。むしろ、日頃は意識することがないからこそ、そのような相互作用を通した学習は、私たちの人生に大きな影響力を及ぼしている。

　学習を捉える中で、その身体性に着目することはどれほど新しいのだろうか。行動主義による古典的な学習理解においては、パブロフの犬の実験に代表されるように、刺激に対する身体的な反応の変化の中に学習を見出してきた。一方、観察可能な変化に学習の結果を見出すことの限界から、学習はより複雑な認知過程の中で捉えられるようになってきた。その中で、学習における身体の位置は周辺化してきたかのように思われるが、昨今、改めて学習における身体の重要性に関心が寄せられるようになっている。本書の「身体知」が古典的な学習理解における身体の位置付けと根本的に異なるのは、脳だけでなく、脳以外の身体感覚もまた、より複雑で高度な学習成果に影響する重要な要素として考えられている点にある。

　私たちが生活するコミュニティに埋め込まれている文化は、私たちの身体的な振る舞いを規定している。私たちの身体的な動作・行動は、個人的な身体能力や習慣というだけではなく、社会的な側面を持っている。言うまでもないことだが、私たちの身体は、必ずしも自由なわけではない。多くの場面で、私たちの身体は、社会的により適切とされる振る舞い・行動を求められる。私たちの身体は、既存の社会に「社会化」される道具となっている。だからこそ私た

ちの身体は、まさに身体化された学習を通して、私たちを縛っている特定の文化から自らを解放し「主体化」する可能性をも持っているという点が、本書から読み取るべき重要なメッセージの一つであろう。このように、学習とはまさに全身体でなされているものだと理解することが、私たちの学習がより豊かなものにしていく第一歩なのである。

心身二元論を乗り越えた学習の可能性

荻野亮吾

　本書で展開される身体を通じた学習に関する議論は、心と身体を切り離し異なる存在と見なす心身二元論への批判意識をベースとし、身体的行為に基づく意識変容を中心的なテーマに据えている。従来から意識変容は成人学習の重要なテーマの一つであったが、前言語的な身体を認識の中心に据え、身体の経験や感覚、記憶を引き出すことから得られる身体知の存在を明らかにした点で、本書は独自な位置にある。本書の議論を網羅的に紹介するのは難しいため、補助線となる文献の紹介を行い、あとがきに代えたい。

　身体と心との関係、あるいは心の所在については、哲学上・科学上の重要な論争テーマである。例えば、本書第２章にも引用されているヴァレラらの研究は、従来の心身二元論を斥け、認知を「身体化された行為（embodied action）」として捉えるユニークな見方を提示している（フランシスコ・ヴァレラ、エヴァン・トンプソン、エレノア・ロッシュ著、田中靖夫訳『身体化された心──仏教思想からのエナクティブ・アプローチ』工作舎、2001年）。この他にも、東洋思想を媒介に心身二元論を乗り越えた心のあり方を提示する研究も見られる（湯浅泰雄『身体論──東洋的心身論と現代』講談社学術文庫、1990年等）。

　近年では、身体と心のつながりを見直す身体心理学やソマティック心理学という学問領域も生まれている（春木豊『動きが心をつくる──身体心理学への招待』講談社現代新書、2011年等）。ソマティック心理学の解説書には、哲学、心理学、医学、生態学、社会学、宗教学、教育学等の異なる学問領域に関して、身体性への気づきのプロセスを導入し、心身統合を媒介項とした新たな学問領域を作り出そうという動きが紹介されている。例えば、教育学に心身統合の

視点を導入したものが、ソマティック・エデュケーションであるとされる（久保隆司・日本ソマティック心理学協会編『ソマティック心理学への招待』星雲社、2015年）。このように身体性への注目は一つの学問的潮流になりつつある。

本書は、このような動きを背景として、身体の感覚や身体に眠る記憶に耳を傾けたり、個々人の身体的経験を可視化し共有する具体的な方法を明らかにしたものである。難解な部分もあるものの、職場や地域における実践から得られた知見をもとに執筆されているため、身体を通じた学習を実践する際のガイドともなり得るものである。実際に、翻訳を担当した第2章では、患者教育に関わる様々な学習法が紹介されており、高齢者の学習支援を考える上で大いに参考となった。

本書が、自身の身体的所作や習慣的な行動を見直すことだけでなく、様々な教育の場において身体的活動を伴う学習が取り入れられていくことにもつながれば幸いである。

身体を通じた学習としての演劇、パフォーマンス

園部友里恵

私の専門は、高齢者学習論と演劇教育である。演劇の中でも即興演劇を専門とし、高齢者の即興演劇のパフォーマンスやそれを通じた学びについて、現在博士論文を執筆している。今回は、自身の専門とも関連する第3章と第7章の翻訳を担当させていただいた。これらは共に演劇に関する実践が取り上げられているものである。

本書を翻訳する中で印象的であったのは、たびたび登場する「場（site）」という用語である。第3章と第7章は共に演劇に関する実践が描かれているが、その文脈は異なっている。それは、「場としての身体」が持つ意味の違いにも現れているように思われる。例えば、第3章では、身体を組織における学習の場として捉えているのに対し、第7章では、「闘争の場」（Nicholson, 2005, p.59）と捉えている。身体は、無意識的で、曖昧で、見逃されがちなものである。本書では、そうした身体をいかに利用していくかによって、身体は、学習のための道具にも、支配や操作のための道具にもなり得ること、そして、

身体から「気づき」を得ることで、より良い方向へと個人や社会を変えていける可能性が示されている。

　しかし、研究として身体というものを扱う上で困難なこともある。それは、身体という場で起こることやそこから得られる知をどのように言葉として記述していくかということである。学術論文と呼ばれるものは、主に言語化されることによってその成果が公表される。身体を通じて得られた知であっても、言葉に落とし込まなければならない。例えば、私の友人のパフォーマーは、「言葉で表現できないからこそ、身体で表現するのだ」と語る。そうした身体という場の中で生まれる繊細なものを、研究者としての私は、どのように言葉に落とし込んでいけばいいのか、言葉にすることでこぼれ落ちていってしまうものといかに付き合っていけばいいのか、と、日々悩みながら論文の執筆を進めている。本書は、成人学習の領域において、身体を通じた学習に関する研究をいかに立ち上げていくのかということに関わる様々なモデルを提示すると共に、研究という営みをめぐる言語と身体の問題を乗り越えるためのヒントを示してくれる貴重なものといえる。

　最後に、本書に登場しないが、こうした研究上の課題を乗り越えるための一つの方法論として、「パフォーマンス・エスノグラフィー」（Denzin, N. K. *Performance Ethnography: Critical Pedagogy and the Politics of Culture*. SAGE Publications, 2003）という試みも始まっていることに触れておきたい。パフォーマンス・エスノグラフィーとは、研究成果を演劇的なテキストに仕上げそれを上演することによって、その研究成果を非言語的なものも含めて広く公表していこうとする研究手法である。すなわち、書き言葉によって公表されることで研究者が研究成果を独占するという状況を乗り越えていくための手法であり、第7章のテーマである「脱植民地化」が関連している。今後も、本書から得られる知見を、こうした身体と研究をめぐる新たな潮流とあわせて検討していきたい。

　　2016年3月

索　　引

ア行

遊び場　　14, 45, 51, 52, 54, 118
アボリジニ　　99, 100
生きられた身体　　33, 87
意識　　21-22, 26, 27, 39, 52, 62, 69, 88
意識すること　　22
意識的関わり　　22
意識的な気づき　　18, 19
意識的な身体化　　21
ウィルバー（Wilber, K.）　　36
動き　　20
演劇　　23, 26, 58, 96-101, 103, 104, 105, 107, 112, 117, 118, 119, 121
エンパワメント　　33, 36, 115, 116-117
オルテガ・イ・ガセット（Ortega y Gasset, J.）　　21

カ行

学習者の抵抗　　24, 26, 118, 119-120
ガードナー（Gardner, H.）　　18
勘　　22
眼球運動による脱感作と再処理法　　30, 41
関係性から生じる知識　　47-48, 116-117
患者教育　　14, 29, 30, 32-35, 37, 40
協働的知識　　116
空間の知性　　18
クラブトリー（Crabtree, B. F.）　　35, 36, 37
グレアム（Graham, M.）　　85
経験型分析法　　36, 41

経験的な学習　　31, 72, 77, 117-118
経験的な教育　　71-72, 73-74, 76-82
芸術教育　　86
合理的思考　　121
心　　19
コルブ（Kolb, D.）　　117, 118
「これからどうするのか？」　　81

サ行

参加型探求の循環　　36
詩学　　86
自覚　　33, 36, 37
自己効力感　　116
自己の気づき　　116
シーツ＝ジョンストン（Sheets-Johnstone, M.）　　87
社会運動　　24, 25
シャピロ（Shapiro, S.）　　22, 24
集団的洞察　　116
集団的な関わり　　56, 62
主体　　59
情緒的でスピリチュアルな知性　　91
情動　　20
職場　　43, 44, 45, 50, 51, 53, 77, 111, 114, 118, 121
女性のストーリー　　68
心身二元論　　13
身体　　19
身体－運動的知性　　18
身体化　　25
身体学習　　19, 31, 39, 85
身体化された意識　　17
身体化されたインスピレーション　　91

身体化された学習　3, 5, 7, 13, 15, 18, 29, 30, 31-32, 34-35, 38, 39, 40, 41, 43, 44, 45, 46-50, 51, 52, 71, 85, 93, 97, 111, 114, 116, 117, 118, 120, 121
身体化された活動　24, 25, 97, 104, 115
身体化された気づき　30, 40, 45, 52
身体化された経験　67, 72, 73-74, 80, 81
身体化された精神　32, 34
身体化された知識　22, 24, 40, 56, 57, 63, 67, 68, 86, 111, 112, 119
身体化された認識　14, 18, 19, 23, 27, 31, 85-87
身体化された認知　29, 31, 32
身体化された認知科学　29, 31
身体化された学びの方法　66-68
身体感覚　18
身体教育学　26, 87, 112, 118-120
身体性　31, 32
身体知　3, 4, 7, 86, 87, 113, 120
身体的挑戦　112, 115, 116
身体的な病　7
身体の態度　4
身体の持つ知恵　15, 112-114
身体表現　3
スタッキー（Stuckey, H.）　19, 22
スタネージュ（Stanage, S. M.）　22
ストーリー　22, 23, 25, 35, 37, 38, 39, 40, 58, 59, 60, 61, 62, 63, 65, 66, 67, 89, 96, 97, 99, 101, 104, 105, 106, 107, 108, 112, 113, 119
スピリチュアルな知識　19
省察的学習　81
精神　19
成人教育　17, 26, 31, 33, 36, 40, 57, 62, 64, 66, 68, 72, 107-108, 121
精神的神学　86
生得的権利　84
世界 − 内 − 存在　29, 33, 38
積極的な逸脱　36
セルフケア　29, 33, 35, 37, 39, 40

前意識の知識　112
全人格的学習　114
全人格的な関わり　44, 45, 114
想像の筋力　88
組織　32, 43, 44, 45, 46, 47, 50, 51, 54, 69, 78, 113
即興　85, 88, 90, 91
即興演劇　43, 49, 52, 114, 117, 119
即興の芸術　91
「それでどうなったのか？」　81

タ行

第一次予防　34, 35, 41
太極拳　30
対抗的ストーリー・テリング　60
対抗的ナラティヴ　120, 121
第三次予防　34, 41
第二次予防　34, 35, 41
多元的知性　18
他者　59
他者と化す　61
脱植民地化　98, 99-103, 107, 108, 119, 120, 121-122
魂　7
ダマシオ（Damasio, A. R.）　21, 23
ダンス　7, 22, 84
ダンス創作　89
知識の身体化　67, 68
知識のパラダイム　86
聴講　18
直感　17-18, 19, 22, 37, 38, 49, 57, 58, 102, 112, 115
直感的学習　114
直感的認識　17
抵抗　23, 25, 75, 107
ディスコース　21, 24, 31, 100, 121
ティッチン（Tichen, A.）　23
デカルト（Descartes, R.）　13, 24
デューイ（Dewey, J.）　72
動作教育学　88

ナ行

なすことによる学習　18
「何をしたのか？」　81
ナラティヴ　57, 58, 59, 61, 63, 64, 65, 66, 67, 68
ニコルソン（Nicholson, H.）　100, 104
認識　112, 115
認識の方法としてのダンス　84, 86
認識論的無知　15
認知的学習　114
認知的知識　19, 20, 23, 24
認知的な合理性　23

ハ行

バスタブル（Bastable, S.）　32, 33
バタウィック（Butterwick, S.）　23
バトラー（Butler, J.）　98
パービアイネン（Parviainen, J.）　18, 25
パフォーマンス　25
パフォーマンス・エスノグラフィー　23
パーマー（Palmer, P.）　87
ハルプリン（Halprin, A.）　91
ハーン（Hahn, K.）　74, 75, 76, 77, 82
批判的教育学　36
批判的人種フェミニズム論　59, 60
批判的人種理論　59, 60
ファシリテーション　76
フェミニスト教育学　36
フェミニズム　23, 59, 60
フーコー（Foucault, M.）　105
舞踊　18
ふり返り　22, 30, 36, 37, 39, 52, 53, 72, 74, 76, 77, 79, 80, 81, 97, 103, 116, 117, 118
振り付け　25
ブルーム（Bloom, B. S.）　18

フレイラー（Freiler, T. J.）　19, 23, 26, 31
フレイレ（Freire, P.）　36, 105
変容的学習　21, 49, 112, 117–118
冒険教育　74
ホースフォール（Horsfall, D.）　23
ボディランゲージ　24, 25
ホリスティックな学習　112, 114

マ行

マイケルソン（Michelson, E.）　24
マインドフルネス　32, 34, 36, 38, 41
ミラー（Miller, W. L.）　35–37
民衆演劇　15, 25, 97, 98, 99, 101, 105
無意識　112
瞑想　18
メジロー（Mezirow, J.）　21, 49, 104
黙考　18

ヤ行

ユング（Jung, C. G.）　18, 112
ヨガ　7, 18, 22, 34, 36, 37, 41

ラ行

ラテンアメリカ批判的人種理論　59, 60
臨床行動教育学　35–40, 119
臨床的アクション・リサーチ　35
レイキ　31, 39
ローレンス（Lawrence, R. L.）　23

◎訳者紹介

立田慶裕（たつた・よしひろ）　TATSUTA Yoshihiro
1953年生まれ。大阪大学大学院人間科学研究科博士後期課程単位取得退学。大阪大学助手、東海大学講師・助教授、国立教育政策研究所総括研究官を経て、現在、神戸学院大学教授。主な著書・訳書に『読書教育の方法』（編著、学文社、2015年）、『キー・コンピテンシーの実践』（単著、明石書店、2014年）、『学習の本質』（共監訳、OECD教育研究革新センター編著、明石書店、2013年）ほか。

岩崎久美子（いわさき・くみこ）　IWASAKI Kumiko
1962年生まれ。筑波大学大学院図書館情報メディア研究科博士課程修了。博士（学術）。現在、国立教育政策研究所総括研究官。主な著書・訳書に、『研究活用の政策学』（共訳、S・M・ナトリー、I・ウォルター、H・T・O・デイヴィス著、明石書店、2015年）、『フランスの図書館上級司書』（単著、明石書店、2014年）、『教育研究とエビデンス』（共著、国立教育政策研究所編、明石書店、2012年）、『国際バカロレア』（共編著、明石書店、2007年）ほか。

金藤ふゆ子（かねふじ・ふゆこ）　KANEFUJI Fuyuko
1962年生まれ。筑波大学大学院教育学研究科博士課程単位取得退学。博士（教育学）。現在、文教大学人間科学部教授。主な著書・訳書に『生涯学習関連施設の学習プログラム開発過程に関する研究』（単著、風間書房、2012年）、『成人学習理論の新しい動向』（共訳、S・B・メリアム編、福村出版、2010年）、『児童の放課後活動の国際比較』（共著、福村出版、2012年）ほか。

佐藤智子（さとう・ともこ）　SATO Tomoko
1978年生まれ。東京大学大学院教育学研究科博士課程修了。博士（教育学）。現在、東京大学大学院教育学研究科特任助教。主な著書に『学習するコミュニティのガバナンス』（単著、明石書店、2014年）、訳書に『学習の本質』（共訳、OECD教育研究革新センター編著、明石書店、2013年）、『成人のナラティヴ学習』（共訳、M・ロシター、M・C・クラーク編、福村出版、2012年）ほか。

荻野亮吾（おぎの・りょうご）　OGINO Ryogo
1983年生まれ。東京大学大学院教育学研究科博士課程修了。博士（教育学）。現在、東京大学高齢社会総合研究機構特任助教。主な著書に『読書教育の方法』（共著、学文社、2015年）、『民主主義の「危機」』（共著、勁草書房、2014年）、『生涯学習の理論』（共著、福村出版、2011年）ほか。

園部友里恵（そのべ・ゆりえ）　SONOBE Yurie
1988年生まれ。東京大学大学院教育学研究科博士課程満期退学。現在、東京大学大学院情報学環特任研究員、東京学芸大学・日本女子大学非常勤講師。主な論文に、「高齢者の演劇活動の展開」（『演劇学論集』60号、2015年）、「企業研修における演劇的手法の活用の変遷」（『演劇教育研究』4号、2013年）ほか。

身体知

成人教育における身体化された学習

2016年3月22日　初版第1刷発行

編　者　ランディ・リプソン・ローレンス

訳　者　立田慶裕
　　　　岩崎久美子
　　　　金藤ふゆ子
　　　　佐藤智子
　　　　荻野亮吾
　　　　園部友里恵

発行者　石井昭男

発行所　福村出版株式会社
　　　　〒113-0034
　　　　東京都文京区湯島2丁目14番11号
　　　　TEL　03-5812-9702
　　　　FAX　03-5812-9705
　　　　http://www.fukumura.co.jp

印　刷　株式会社文化カラー印刷

製　本　本間製本株式会社

Printed in Japan
ISBN978-4-571-10174-8
定価はカバーに表示してあります。
乱丁本・落丁本はお取り替えいたします。
本書の無断複写・転載・引用等を禁じます。

福村出版◆好評図書

M. ロシター・M.C. クラーク 編
立田慶裕・岩崎久美子・金藤ふゆ子・佐藤智子・荻野亮吾 訳
成人のナラティヴ学習
●人生の可能性を開くアプローチ
◎2,600円　ISBN978-4-571-10162-5　C3037

人は，なぜ，どのように，語ることを通して学ぶのか。ナラティヴが持つ教育的な意義と実践を明快に説く。

S.B. メリアム 編／立田慶裕・岩崎久美子・金藤ふゆ子・荻野亮吾 訳
成人学習理論の新しい動向
●脳や身体による学習からグローバリゼーションまで
◎2,600円　ISBN978-4-571-10153-3　C3037

生涯にわたる学習を実践する人々に，新たなビジョンを与え，毎日の行動をナビゲートする手引書。

立田慶裕・井上豊久・岩崎久美子・金藤ふゆ子・佐藤智子・荻野亮吾 著
生涯学習の理論
●新たなパースペクティブ
◎2,600円　ISBN978-4-571-10156-4　C3037

学習とは何か，学びに新たな視点を提示して，毎日の実践を生涯学習に繋げる，新しい学習理論を展開する。

金藤ふゆ子 編著
学校を場とする放課後活動の政策と評価の国際比較
●格差是正への効果の検討
◎5,200円　ISBN978-4-571-10172-4　C3037

児童の放課後活動を，独・英・米・典・豪・日の6カ国の研究者が分析。その評価基準を比較検討し，課題を考える。

明石要一・岩崎久美子・金藤ふゆ子・小林純子・土屋隆裕・錦織嘉子・結城光夫 著
児童の放課後活動の国際比較
●ドイツ・イギリス・フランス・韓国・日本の最新事情
◎3,000円　ISBN978-4-571-10163-2　C3037

ドイツ，イギリス，フランス，韓国，日本の5カ国の小学生を対象に，放課後活動の実態を調査して比較する。

末本 誠 著
沖縄のシマ社会への社会教育的アプローチ
●暮らしと学び空間のナラティヴ
◎5,000円　ISBN978-4-571-41052-9　C3037

沖縄の社会教育を，字公民館，字誌づくり，村踊り等から幅広くアプローチ。固有性からその普遍性をさぐる。

R.F. アーノブ・C.A. トーレス・S. フランツ 編著／大塚 豊 訳
21世紀の比較教育学
●グローバルとローカルの弁証法
◎9,500円　ISBN978-4-571-10168-7　C3037

グローバル化した世界における学校と社会の関係を，ローカルで多様な局面でとらえる最新の研究第4版。

◎価格は本体価格です。